にほんご ちょうかい

听力教程

陆留弟——总主编　　王丽薇　吴素莲——编著

日本語中級通訳資格・検定試験

华东师范大学出版社

图书在版编目（CIP）数据

日语中级口译岗位资格证书考试·听力教程/陆留弟主编. —上海：华东师范大学出版社，2019
ISBN 978-7-5675-8995-7

Ⅰ.①日… Ⅱ.①陆… Ⅲ.①日语-听说教学-资格考试-自学参考资料 Ⅳ.①H369.9

中国版本图书馆 CIP 数据核字(2019)第 043088 号

日语中级口译岗位资格证书考试·听力教程

编　著　王丽薇　吴素莲
项目编辑　王清伟　孔　凡
文字编辑　姜怡雯
封面设计　俞　越
版式设计　蒋　克

出版发行　华东师范大学出版社
社　　址　上海市中山北路 3663 号　邮编 200062
网　　址　www.ecnupress.com.cn
电　　话　021-60821666　行政传真 021-62572105
客服电话　021-62865537　门市（邮购）电话 021-62869887
地　　址　上海市中山北路 3663 号华东师范大学校内先锋路口
网　　店　http://hdsdcbs.tmall.com/

印　刷　者　昆山市亭林印刷有限责任公司
开　　本　890×1240　32 开
印　　张　10
字　　数　282 千字
版　　次　2019 年 3 月第 1 版
印　　次　2020 年 1 月第 2 次
书　　号　ISBN 978-7-5675-8995-7/H·1048
定　　价　24.00 元

出 版 人　王　焰

（如发现本版图书有印订质量问题，请寄回本社客服中心调换或电话 021-62865537 联系）

总主编的话

作为上海市外语口译岗位资格证书考试项目之一的"日语口译岗位资格证书考试"自 1997 年开考至今,已由开始的鲜为人知,到现在逐步被高校日语专业学生了解,并得到社会各相关部门的认可。考试规模不断增大,生源范围不断扩展。可以说,这一项目为培养具有一定水平的日语口译人才作出了贡献。

随着报考人数的增加,考生结构发生变化,原考试项目显现出局限性。为了更好地体现服务社会的宗旨,适应不同岗位日语口译人才的需要,上海市高校浦东继续教育中心(以下简称"中心")决定从 2007 年秋季起开设"日语中级口译岗位资格证书"和"日语高级口译岗位资格证书"两个级别的考试。在"中心"和上海市外语口译岗位资格证书考试委员会的直接领导和组织指导下,由日语口译专家组陆留弟、蔡敦达、庞志春、杜勤、王丽薇五位老师负责编写《日语中级口译岗位资格证书考试·听力教程》(王丽薇、吴素莲)、《日语中级口译岗位资格证书考试·阅读教程》(蔡敦达、庞志春)、《日语中级口译岗位资格证书考试·口语教程》(庞志春、王建英)、《日语中级口译岗位资格证书考试·翻译教程》(杜勤、刘新梅)、《日语中级口译岗位资格证书考试·口译教程》(陆留弟、蒋蓓)系列教程。

按照"中心"教程编写:1. 定位准确;2. 设定框架和体例;3. 选材面广;4. 体现时代特征;5. 突出口译特点等五点原则,五位老师认真收集材料,编写精益求精、各具特色。例如,《听力教程》每课由 A、B 两套试题组成。A 套用以测试学习者的听力水平,以便进行有针对性的学习和训练。B 套为模拟试题,其题型和要求与《考试大纲》的规定完全一致。《阅读教程》全书有上篇、下篇组成,上篇为"阅读基础与技巧",下篇为"课文与综合解答"。上篇部分主要帮助学习者

认识阅读、掌握阅读的主要方法，从而准确且快速地阅读日语文章，做到事半功倍。下篇日语文章涉及说明文、论述文、随笔、小说等题材。《口语教程》每课由两篇文章和"口语讲座"组成。其中"口语讲座"为其特色，兼具知识和信息，引导学习者如何说日语、用日语，从而提高他们的日语表达能力。《翻译教程》每课由日译汉、汉译日两部分组成。在讲授日汉互译基础理论的同时，注重翻译技巧的传授，帮助学习者通过大量的日汉互译实践提高自身的翻译水平。《口译教程》每个单元由六大模块组成。基本词汇和背景知识模块帮助学习者扫除口译中的基本障碍和了解相关背景知识；短句口译和简单的段落口译模块是口译表达的"实战演习"，要求学习者学会灵活、自然、丰富的口语表达；口译注释模块对相关的语言内容进行补充说明，小知识模块对口译的基本要点和基本培训内容进行必要的阐述。此外，为了体现本教程能为上海乃至全国培养更多应用型日语人才的编写目的，编者根据不同教材的特点以及需要，归纳出了八大主题：文化娱乐、社会生活、教育研修、环境保护、高新技术、经济贸易、金融证券和时事新闻。

学习外语不同于学习数学、物理等带有公式、逻辑性的学科。外语的学习必须要有无数次的反反复复，而且是简单的反复、反复、再反复。只有坚持这"简单反复"的过程，才能向外语学习的成功更进一步。当然，这"简单反复"也必须由一些指导性的方法来支撑。首先，在初级阶段练好语音语调是对一个"能说会道"者的基本要求；其次，要做到坚持每天放声朗读，这是带领学习者进入"开口说话与交流"的最佳途径；最后也是最重要的一点：如何寻找"自我学习、自我会话、自我翻译"的环境。在外语的学习过程中，除了借助教程以及老师的教授和辅导外，如何寻找一个适合自己学习外语的环境，使自己在日常生活以及自然环境下悟出一套自我学习外语的方法，这在当今千军万马学习外语的浪潮中成为成功的弄潮儿至关重要。

总而言之，学习任何语言都需要付出艰辛的劳动。希望这套系列教材能为有志于从事日语口译工作的人们提供一些帮助和指导。在此，我谨代表本系列教程的所有编写人员期待着你们的成功！

本人对整套教程从宏观上进行了总体把握,但微观上的把握略有不足,编撰时难免有些缺失。希望各方专家、学者、老师和学生多多给予指正,以便我们及时改进。

"中心"和上海市外语口译岗位资格证书考试委员会的有关领导和工作人员以及华东师范大学出版社对系列教程的编写和出版做了大量的工作,在此我代表各位主编和参与本系列教程的所有人员向你们道一声谢谢,感谢你们对本系列教程的大力支持,感谢你们给了我们施展智慧的一次良好机会。

总主编　陆留弟
2007年3月

教材使用说明

本教程按照《上海市日语中级口译岗位证书考试大纲》听力部分的要求编写。目的是使学生通过培训能基本达到参加日语中级口译资格证书考试的听力水平。本教程可供各培训点使用，也可作为应考自学教材，对希望提高听力水平的日语学习者来说是一本理想的辅导用书。

本教程共分16课，每课由A、B两套试题组成。

A套题型分五项。

一、听录音填空。这项内容是一段文章，要求学生用日语汉字（外来语用片假名）填上文中空缺部分。这种训练目的在于提高学生的听力和笔录的能力，是口译工作者必须具备的基本能力。录音放二遍，也可视学生的具体情况增加播放次数。第一项中还加入了词组搭配练习题，要求学生根据读音写出相应的汉语词组。该题的主要目的在于扩大学生的词汇量和提高组词能力。

二、听译练习。听一遍录音后写出短句空白处日语的中文意思。要求翻译的词组在结构上有外来语、惯用句、熟语、成语等，旨在提高快速思考以及即时翻译能力。

三、选择题练习。这部分由长、短各一段会话文组成。要求学生听完第一遍录音后，从四个答案中选一。听完第二遍录音后，根据要求做题。该题的主要目的在于训练学生掌握会话中的关键词以及提高听力理解能力。

四、是非题练习。由叙述文组成。这部分内容信息量、词汇量都较大，有一定的难度和深度，要求学生听完一遍录音后，对后面的是非题作出选择。该项内容题材广泛且知识性强，目的在于提高学生的日语综合能力。

五、听录音回答问题并概括大意。要求学生听完二遍录音后，在正确回答问题的同时，以叙述文形式简明扼要地概括录音内容。该题的目的在于训练学生的短时间记忆能力和归纳表达能力。

　　B套为模拟试题。其题型和要求与《考试大纲》的规定完全一致，可以用来测试自己的听力水平，找出自身的薄弱环节，以便进行有针对性的学习和训练。

　　本教程所选题材涉及生活娱乐、文化教育、社会焦点、风土人情、环境保护、高科技、经贸商务、时事新闻等。本教程在注重内容新颖、实用的同时还精心考虑内容的知识性和趣味性，以提高学习者对听力学习的兴趣。为了便于教学和自学，本教程附有录音书面材料和答案可供教程使用者参考，并请日本教师田崎一彦、齐木ゆかり、西山友惠先生为教程录音。

　　本教程在编写过程中，参考或采用了国内外有关书刊资料，并得到日本东海大学外崎淑子先生的热情帮助和悉心指导，在此表示由衷的感谢。由于时间和能力有限，本教程难免存在不足之处，敬请各位批评指教。

编　者

2006年10月

目　録

第 1 課 ……………………………………………… 1
第 2 課 ……………………………………………… 10
第 3 課 ……………………………………………… 20
第 4 課 ……………………………………………… 30
第 5 課 ……………………………………………… 40
第 6 課 ……………………………………………… 50
第 7 課 ……………………………………………… 59
第 8 課 ……………………………………………… 68
第 9 課 ……………………………………………… 78
第 10 課 …………………………………………… 88
第 11 課 …………………………………………… 98
第 12 課 …………………………………………… 108
第 13 課 …………………………………………… 118
第 14 課 …………………………………………… 128
第 15 課 …………………………………………… 138
第 16 課 …………………………………………… 147

録音内容と参考答案

第 1 課 ……………………………………………… 156
第 2 課 ……………………………………………… 166
第 3 課 ……………………………………………… 175

第 4 課 …………………………………………………… 185
第 5 課 …………………………………………………… 194
第 6 課 …………………………………………………… 204
第 7 課 …………………………………………………… 214
第 8 課 …………………………………………………… 223
第 9 課 …………………………………………………… 233
第 10 課 ………………………………………………… 243
第 11 課 ………………………………………………… 253
第 12 課 ………………………………………………… 262
第 13 課 ………………………………………………… 272
第 14 課 ………………………………………………… 282
第 15 課 ………………………………………………… 291
第 16 課 ………………………………………………… 301

第 1 課

A

一、テープを聞いて、次の文を完成しなさい。外来語は片仮名で、その他は漢字で書き入れなさい。

　好きな曲を聴きたいとき、CD以外の方法で_____する人が増えてきている。日本レコード協会は、インターネットを通じて音楽_____を違法に公開した個人に対して_____文を送付したと発表している。その数は近く100万通に及ぶという。今や「レコード協会」という名称が不適切なくらい、音の_____は変化し、様々な方法で音楽を楽しめるようになっているので、_____も必死だ。(略)しかし、その流れに逆行して、私はこの1年でCDを買うようになった。
　一つは、単純に「音楽」について、考え、_____する機会が増えたことが原因。「昔はよく音楽を聴いていたのに、どうしてこの頃聞いていなかったのかな?」などと考えることで、購入意欲が沸いたのだろうと思う。この、「問い掛ける」という行為は、実は大変重要な_____だと考えている。(略)
　もう一つの理由は、_____だ。私のように仕事をしていて、子供もいたりすると、あてもなくCDを見て歩く時間は残念ながらない。しかし、生活に新しい音楽を加えたいと思った時に、CDが置いてあれば手にとるようになる。限られた時間の中、_____があまり多くなく、ある程度絞られた数の中から_____よく選びたい。それも、同じ場所で他の買い物と一緒に

買えたら、とても嬉しい。そんなわけで、CDショップに出向いて買物するようになった。

★ 次の下線に適当な漢字を入れ、意味の通じる言葉にしなさい。

にゅうしゅ	入手	入___	入___	入___	入___
ぎょうかい	業界	業___	業___	業___	業___
けいこく	警告	警___	警___	警___	警___
いしき	意識	意___	意___	意___	意___
こうりつ	効率	効___	効___	効___	効___

二、テープを聞いて、抜けた言葉の意味を下線部に中国語で書き入れなさい。

1. 40歳にもなって、そんなことで怒るなんて、_____。
2. 兄の邪魔にならないように、私は_____音楽を聴いています。
3. _____、さまざまな知識を得ることができます。
4. 定年退職したら、郷里に帰って_____の日々を過ごそうと思います。
5. 練習の甲斐があって、今度の体操の演技は_____でした。
6. この_____を一度読んでみてください。あなた向けだと私は思います。
7. 今の若い人たちは、_____や基礎知識を知らないから、話が通じないんですよ。
8. 仕事で疲れて、_____父親は、あまり存在感がないという子の文章がありました。
9. _____、好きなだけ飲んでください。
10. 転勤であちこち動いたが、_____。

三、テープを聞いて、正しい答えを一つ選びなさい。

(1)
質問：二人はなにを見ていますか。
　　A　植木。
　　B　紅葉。
　　C　桜。
　　D　菊の花。

★　テープをもう一度聞いて、キーワートを探し出しなさい。

---

(2)
質問：女の人は「父も喜ぶ」と言いましたが、どうしてそう思ったのですか。
　　A　盆栽をもらったから。
　　B　盆栽がすばらしいとほめられたから。
　　C　盆栽が自分の思うように育ったから。
　　D　盆栽を興味のある人にあげるから。

★　テープをもう一度聞いて、質問に答えなさい。

1. 男の人は盆栽をそだてたことがありますか。

2. 男の人がもらった盆栽はだれが育ってたのですか。

3. 盆栽を育てるのに手がかかりますか。

第1課

四、テープを聞いて、テープの内容と合っているものに○、違っているものに×をつけなさい。

(1)
A 学生時代は、勉強が忙しくて音楽を聴く時間はなかった。
B 学生時代は、音楽が好きだったが、没頭するまでではなかった。
C 音楽は人々を憧れの世界や夢の世界へ導くものだと言える。
D 今の私は昔のように熱心に音楽を聴く時間がない。

★ テープをもう一度聞いて、次の文を完成しなさい。

1. 学生時代は、毎日のように「＿＿＿＿＿＿＿＿＿＿＿＿＿＿」がありました。

2. 音楽に「浸る」ということには、憧れの世界や夢の世界への＿＿＿＿＿＿＿＿ような、そんな役割もあったかもしれません。

3. 特別なミュージシャンの歌をヘッドフンをし、＿＿＿＿＿＿＿＿＿＿＿＿＿ことに気付きました。

(2)
A 梅雨に入ったので、雨傘に関する情報がどんどん入ってきている。
B 改良された折り畳み傘はコンパクトで軽くなった。
C 携帯電話と同じぐらいの大きさの折りたたみ傘も発売されている。
D ポケットサイズの便利な携帯電話は大ヒットでよく売れている。

★　テープをもう一度聞いて、次の文を完成しなさい。

1. 従来の折りたたみ傘は、＿＿＿＿＿＿＿＿＿＿＿＿＿＿＿＿だったんですが。

2. 昨年は、＿＿＿＿＿＿＿＿＿＿＿＿＿、文庫本1冊ぐらいの重さの製品も作られるようになりました。

3. 売り上げは＿＿＿＿＿＿＿＿＿＿＿＿＿＿＿＿＿＿＿＿＿＿。

五、テープを聞いて、次の質問に答えなさい。

質問：
1. 隣の人はなにを練習していますか。

2. その人は学生ですか、会社員ですか。

3. こんな時間というのはどんな時間ですか。

4. 「全く非常識だ」といったのはなぜですか。

5. 町がどれぐらい静かかというのはなにをあらわすバロメーターですか。

★　テープをもう一度聞いて、会話の内容を日本語で叙述文でまとめなさい。

第1課

単 語

入手(にゅうしゅ)	获取
送付する(そうふ)	送交　提交
必死(ひっし)	拼命
ミュージシャン	音乐家
浸る(ひたる)	沉浸
ヘッドフォン	耳机
没頭(ぼっとう)	埋头，专心致志
文庫本(ぶんこぼん)	小型丛书
割高(わりだか)	价钱较贵
ポケットサイズ	袖珍型
大ヒット(だいヒット)	大受欢迎

············ * ············ * ············ * ············ * ············

B

問題一　テープを聞いて、次の文を完成しなさい。外来語は片仮名で、その他は漢字で書き入れなさい。（テープは二回流します）(20点)

　カラオケが精神的なストレスを解消し、病気治療に役立つということから、_____や脳疾患者の治療に取り入れている病院もある。その病院では、週に2回、看護婦の_____のもとで患者がカラオケで_____するとのことだ。マイクを持って歌った後の患者の脳波をコンピュータで分析すると、_____波が増えることが_____されている。患者同士の交流にもつながるということで、今後カラオケを_____える病院が増えてくるかもしれない。

　しかし、カラオケが現代社会における寄り合いやお祭り的な_____に代わる役割を果たしているとまではいえないだろう。カラオケには、かつてのお祭りのような_____感覚や全身体的な開放感はないからである。カラオケの歌に酔っているのは歌っている_____だけだし、その歌も全身体的なものではなく、あくまで_____による増幅と美化を経たものでしかない。

問題二　テープを聞いて、抜けた言葉の意味を下線部に中国語で書き入れなさい。（テープは二回流します）(20点)

1. この映画は大変な_____そうだ。
2. 「端午の節句」は昔は男の子の_____お祭りだった。
3. _____はウール100％で、アクリルなどは含まれていません。
4. なんとなく昔からの_____が変わっていくような気がする。
5. 休日に、テレビを見てゴロゴロしたりパチンコをしたりして

第1課

＿＿＿＿＿＿人が多い。
6. 関係者の＿＿＿＿＿＿、その曲はほとんど売れなかった。
7. 若者たちが日本の温泉に＿＿＿＿＿のは、いったい何のせいなのだろうか。
8. 「＿＿＿＿＿＿＿＿＿＿」という看板を下げた店の中に入ってみて驚いた。床から天井まで品物が山積みになっているのだ。
9. メニューを前に、肉料理にするか、魚料理にするかで、一分近くも考えこむとは、われながら＿＿＿＿＿＿な性格である。
10. コンビニは深夜放送とともに、都市の24時間化に＿＿＿＿＿＿＿。

問題三　テープを聞いて、質問に答えなさい。

1　正しい答えを一つ選びなさい。(テープは一回流します)(8点)
(1番)
質問：女の人はどうしたいと思っていますか。
　A　だれかほかの人と行くことにしたい。
　B　行かないことにしたい。
　C　一人で行くことにしたい。
　D　男の人と一緒に行きたい。

(2番)
質問：二人はどんなテレビ番組を見ることにしましたか。
　A　「土曜スペシャル」。
　B　野球の試合。
　C　「動物おもしろランド」。
　D　映画。

2　テープの内容と合っているものに〇、違っているものに×をつけなさい。(テープは一回流します)(12点)
(1番)
　A　生活に満足している日本人の割合は被調査国の中で一番

低い。
　B　日本以外の国では7割以上の人が「幸せだ」と答えている。
　C　アメリカやスウェーデンでは4割近くの人が生活に満足している。
　D　満足度についての調査では、イタリアは日本よりやや上で、17％である。

(2番)
　A　車の自動運転の技術はすでに開発されている。
　B　他の車とはセンサーで距離を測っている。
　C　自動運転中の車内の人がトイレに行きたければ、車が適切なところに止まってくれる。
　D　遠いところまで行く時、車内の人は寝ていても大丈夫だ。

問題四　テープを聞いて、会話の内容を日本語で叙述文でまとめなさい。(テープは二回流します)(20点)

_____
_____
_____
_____

単　語

寄り合い(よりあい)　　　　　　　　集会
気が滅入りがち(気がめいりがち)　　容易情绪低落
センサー　　　　　　　　　　　　　传感器,感应装置

第 2 課

A

一、テープを聞いて、次の文を完成しなさい。外来語は片仮名で、その他は漢字で書き入れなさい。

東洋と西洋では、いろいろな考え方が今でも異なるが、音楽の聴き方で言えば、その最大の違いは、西洋では音楽を聴く場所が伝統的に建物の中であり、日本では外が多かったということではないか。_____の教会の中や宮殿の広間、そして_____へと発展していったヨーロッパの音楽は、常に四方を壁で囲まれた、いわば箱の中で、その共鳴を伴って響いていた。ところが、日本では、山を借景にした_____に舞台を造ったり、家の中で演奏する場合にも、_____はすべて開けはなされ、音楽は_____の空気の中に散っていった。つまり、西洋では、自然の音を_____した場所を音楽のために造ったのに対し、日本では、わざわざ音楽をするために自然の中に出て行ったり、自然の音が入って来るように_____と庭の境界をとり除いたりしていたのだ。_____の音、川のせせらぎの音、風の音、鳥の声、_____の上を歩く音など、西洋では音楽を聴くために邪魔もの扱いにされ、閉め出されていた自然音や生活音を、日本の伝統音楽は自ら求め、_____しながら生まれ、発展してきたと言えよう。

★ 次の下線に適当な漢字を入れ、意味の通じる言葉にしなさい。

ていえん	庭園	＿＿園	＿＿園	＿＿園	＿＿園
しゅうい	周囲	周＿＿	周＿＿	周＿＿	周＿＿
ざしき	座敷	座＿＿	座＿＿	座＿＿	座＿＿
ふうりん	風鈴	風＿＿	風＿＿	風＿＿	風＿＿
きょうぞん	共存	共＿＿	共＿＿	共＿＿	共＿＿

二、テープを聞いて、抜けた言葉の意味を下線部に中国語で書き入れなさい。

1. わたしは何事も一度始めたら、＿＿＿＿でやめられない性分なんです。
2. どの列車もお土産を手にした＿＿＿＿＿＿を詰め込み出発した。
3. 学問及びサークル活動に＿＿＿＿＿大学生たちはそれぞれの生き方で青春を楽しんでいる。
4. 彼は昨日飲みすぎたから心配していたけれども、＿＿＿＿＿＿＿＿、今日は会社を休んだ。
5. みんなの＿＿＿＿＿＿＿、全く無名の選手が優勝した。
6. アジアで初めてのワールドカップは世界中の＿＿＿＿＿＿＿。
7. ＿＿＿＿＿＿は楽しく飲んで楽しく歌い、休日は買い物やスポーツを思い切り楽しんでいます。
8. この数日は＿＿＿＿＿＿＿＿＿、旅行なんかぜんぜん考える暇がありません。
9. 祝日になるたびに、とても＿＿＿＿＿＿＿を感じます。
10. みんなと＿＿＿＿＿＿＿＿＿＿＿と思います。

第2課

三、テープを聞いて、正しい答えを一つ選びなさい。

(1)
質問：男の人はどんなふうに見えましたか。
    A　慌てているように見える。
    B　怒っているように見える。
    C　落ち着いているように見える。
    D　喜んでいるように見える。

★　テープをもう一度聞いて、キーワートを探し出しなさい。

---

(2)
質問：二人はどこで、何時に待ち合わせることにしたんですか。
    A　7時に駅の前で。
    B　6時50分ごろ駅の前で。
    C　6時50分ごろにバス停のところで。
    D　6時30分ごろにバス停のところで。

★　テープをもう一度聞いて、質問に答えなさい。

1. ドライブにどこへ行く予定ですか。

2. 日曜日の始発バスは何時ですか。

3. みんなはどこに集まることになっていますか。

四、テープを聞いて、テープの内容と合っているものに〇、違っているものに×をつけなさい。

(1)
A　生涯学習という考え方は日本人によく受け入れられている。
B　日本人の多くは様々な仕事を持っている。
C　日本人の多くは仕事に関係のあるものだけに興味を持っている。
D　転職のために余暇を利用して勉強している人も多いようだ。

★　テープをもう一度聞いて、次の文を完成しなさい。

1. 多くの人が＿＿＿＿＿＿＿、様々な学習をしています。

2. 英語、経理、MBAなどから、＿＿＿＿＿＿＿＿＿＿＿＿＿
を広げる講座に通っています。

3. 転職を考えている人の中には＿＿＿＿＿＿＿＿＿＿＿＿
人も出てきます。

(2)
A　駅のすぐ近くにある3階建ての駐車場はエレベーターがあって便利だ。
B　駅のすぐ近くにある駐車場の1階と2階はいつも満車の状態だった。
C　駅のすぐ近くにある駐車場は最初1階から3階までの料金は同じだった。
D　駅のすぐ近くにある駐車場は今3階が150円で、一番安く

第2課

なっている。

★ テープをもう一度聞いて、次の文を完成しなさい。

1. 3階に止めたら＿＿＿＿＿＿＿＿しなければならないのです。

2. 困った経営者は何かいい方法はないか考えて、＿＿＿＿＿＿＿。

3. 1階から3階までいつも＿＿＿＿＿＿＿が出ています。

五、テープを聞いて、次の質問に答えなさい。

質問：
1. 男の人は歌舞伎のことをよく知っていますか。

2. 女の人は歌舞伎のことをよく知っていますか。

3. 女の人が歌舞伎を見て、一番印象に残ったことはなんですか。

4. 歌舞伎はいつから続いてきましたか。

5. 女の人は何がおもしろいと思っているのですか。

★ テープをもう一度聞いて、会話の内容を日本語で叙述文でまとめなさい。

＿＿＿＿＿＿＿＿＿＿＿＿＿＿＿＿＿＿＿＿＿＿＿＿＿＿＿＿＿＿

単　語

借景(しゃっけい)	借景,将远处的森林、山岳等作为庭园景致的一部分
せせらぎ	细流的潺潺流水(声)
邪魔もの扱い(じゃまものあつかい)	当作干扰
ヨガ	瑜伽
エアロビクス	有氧健身运动
肩書き(かたがき)	头衔、学位

……………＊…………＊…………＊…………＊……………

B

問題一　テープを聞いて、次の文を完成しなさい。外来語は片仮名で、その他は漢字で書き入れなさい。(テープは二回流します)(20点)

　　梅雨が明けると、急に暑くなって、_____い夏がやってくる。奈津子は職場で飲み会の_____を頼まれたが、女性社員からはおしゃれな場所、男性社員からは安くておいしい所がいいと難しい条件を要求されたので、_____だが公園の森の中にあるおしゃれなビアガーデンに行くことにした。ふつう、ビアガーデンはビルの屋上に作られ、_____が入っていて、_____を聞きながら生ビールを飲んだり、好きな曲を_____したりするところが多いが、ここは、緑の中、夜風に吹かれて自然を楽しみながら、ビールが飲める。いろいろな人がこの涼しい場所を求めてやって来ている。_____れも多く、隣の_____では、子どもが「アイスクリームが食べたい」と言って、せがんでいる。奈津子たちはバーベキューセットとビールを注文したのだが、なかなか来ないので、ウェーターに_____した。

　　十分にビールとバーベキューを味わって、帰るときに_____された金額は思ったより安かった。自然も楽しめ、暑さも疲れもどこかに吹っ飛んだ夜だった。

問題二　テープを聞いて、抜けた言葉の意味を下線部に中国語で書き入れなさい。(テープは一回流します)(20点)

1. 今日は待ちに待った_____。さっそく結婚記念日のプレゼントを買いにいきました。
2. 再会できる日を_____待っています。
3. _____には、汚れの目立たない色が用いられます。

4. かれは人前でも平気で部下の_____ようなことをします。
5. 新幹線を利用して、東京から大阪まで_____をする会社員が少なくありません。
6. 英語で小説を読めば、楽しめるし、勉強になるし、_____だ。
7. 霧が濃くなったら、_____運転してください。
8. 余暇を利用して、大自然に触れてみれば、きっと_____ことができます。
9. 春の明るい日差しの中で、スキーヤーたちが_____。
10. 妹はよくクラシック音楽を聴いていますが、それにたいして、私は_____。

問題三　テープを聞いて、質問に答えなさい。

1　正しい答えを一つ選びなさい。（テープは一回流します）(8点)
(1番)
質問：今度のパーティーにはどのぐらいの人が来ると思いますか。
　　A　200人。
　　B　150人。
　　C　100人。
　　D　50人。

(2番)
質問：女の人は男の人に何を教えてもらいたかったのですか。
　　A　テレビの使い方。
　　B　パソコンの使い方。
　　C　ビデオの使い方。
　　D　コピー機の使い方。

2 テープの内容と合っているものに〇、違っているものに×をつけなさい。(テープは一回流します)(12点)

(1番)
A 筆者は会社の休憩時間に必ずコンビニへおやつやジュースなどを買いにいく。
B オフィスの中に喫煙室があり、椅子やテーブルもおいてある。
C 筆者の会社も喫煙者には甘く、灰皿まで用意してある。
D 筆者はコンビニへ行って店の前でタバコを吸う習慣がある。

(2番)
A 「湯の国」の入浴料金は、子供の方が700円安くなっている。
B 「湯の国」は特別の日を除き、月に2日しか閉館しない。
C 「湯の国」は交通が便利なうえ、施設も整っている。
D 「湯の国」はお客のために、美味しい料理のメニューも用意している。

問題四 テープを聞いて、会話の内容を日本語で叙述文でまとめなさい。(テープは二回流します)(20点)

_____

_____

_____

_____

単 語

幹事(かんじ)	干事,负责处理团体事务的职务
ビアガーデン	啤酒园,在大楼的顶上或庭园里开设的主要以喝啤酒为主的场所
リクエスト	点播

せがむ	央求
請求(せいきゅう)	要求收取
おやつ	点心,零食
お得(おとく)	优惠的,打折的
エステ	全身美容

第 3 課

A

一、テープを聞いて、次の文を完成しなさい。外来語は片仮名で、その他は漢字で書き入れなさい。

　　初対面の＿＿＿＿＿＿はしばしば名刺を交換し合い、お互いの名前、会社名、連絡先などを伝えます。自社の＿＿＿＿＿＿の意味をかねて「○○ならお任せください」と渡す場合も多々ありますが、本来は将来の＿＿＿＿＿＿を考え、「今後よろしくお付き合いください」という意味合いで交換するものです。名刺はその人の身分証明書であり、名刺を丁寧に扱うことで名刺をくれた人に＿＿＿＿＿＿を払っていることを表現します。ただ、海外では日本ほど名刺を＿＿＿＿＿＿に扱うことはせず、先方の目の前で＿＿＿＿＿＿したり、即座に＿＿＿＿＿＿にしまうこともよくあるようです。（略）
　　名刺は世界中で使われており、その歴史も各国独自で発展してきたようです。最も古いのは中国で、唐の時代の＿＿＿＿＿＿には木や竹製の名刺の記述が散見されます。「名刺」という言葉は中国の古語です。語源は名を書いた竹の札のことを「刺」といったことに由来します。当時の使い方は今とは違い、訪問先が不在の際に、戸口の＿＿＿＿＿＿に挟んで来訪を知らせる目的で使われました。
　　日本で名刺が使われ始めたのは江戸時代で、和紙に墨で名前を書いて上記と同じ目的で使用されました。江戸末期には印刷した名刺が使われ始め、来日した外国人と交流するために用いられま

した。その後、一般の人々の間でどう普及していったかはよくわかっていませんが、＿＿＿＿＿＿＿＿の人々の間では明治初期に社交の道具として使われました。

★　次の下線に適当な漢字を入れ、意味の通じる言葉にしなさい。

せんでん	宣伝	宣＿＿	宣＿＿	宣＿＿	宣＿＿
しんこう	親交	親＿＿	親＿＿	親＿＿	親＿＿
けいい	敬意	敬＿＿	敬＿＿	敬＿＿	敬＿＿
ぶんけん	文献	文＿＿	文＿＿	文＿＿	文＿＿
かいきゅう	階級	階＿＿	階＿＿	階＿＿	階＿＿

二、テープを聞いて、抜けた言葉の意味を下線部に中国語で書き入れなさい。

1. 若い世代には勉強とか＿＿＿＿＿＿＿＿などという考えよりも家庭を優先するという考えのほうが普通になってきた。
2. 外国で生活していて、よく＿＿＿＿＿＿を経験します。
3. 主演した映画の大成功で新人俳優の彼は一躍の人となり、＿＿＿＿＿＿の境地にいる。
4. この奨学金は留学生のためのものです。＿＿＿＿＿＿＿応募することができます。
5. 何千年の間に形成されたこの習慣はすでに人々の心に＿＿＿＿＿＿＿ので、そう簡単に取り除かれるものじゃない。
6. ＿＿＿＿＿＿では解答できない問題ですから、しっかり勉強してください。
7. 生活の中で体験したことを題材にして、＿＿＿＿＿＿を書いて見ましょう。
8. 昨日、日本文学の＿＿＿＿＿＿＿ね。どうしたんですか。
9. 先輩に遅刻の原因を厳しく追及されて、ぼくは＿＿＿＿＿＿

_____。
10. 子供の人数が減るのに伴って、学校の経営方針を_____
　　_____。

三、テープを聞いて、正しい答えを一つ選びなさい。

（1）
質問：男の人はなにを言いたいのですか。
　A　子供ならともかく大人のくせに、と言っている。
　B　子供であってもだめだと言っている。
　C　子供のくせに、と言っている。
　D　子供でも大人でもだめだ、と言っている。

★　テープをもう一度聞いて、キーワートを探し出しなさい。

_____

（2）
質問：新しい先生はどんな人ですか。
　A　メガネをかけた人です。
　B　背が高い人です。
　C　いやな人です。
　D　厳しい人です。

★　テープをもう一度聞いて、質問に答えなさい。

1. 新しく来た先生はなにを教えるのですか。

2. その先生は背が高いですか。

3. 女の人はどこでその先生とすれ違ったのですか。

四、テープを聞いて、テープの内容と合っているものに〇、違っているものに×をつけなさい。

(1)
A　一生懸命勉強すれば、いつか必ずいい点が取れる。
B　筆者の友達にテストの出題の予想をよく当てる人がいる。
C　筆者は運良く、いつも出題の予想が当たって、いい成績が取れる。
D　筆者はテストにおいて出題の予想が外れたことが一度しかない。

★　テープをもう一度聞いて、次の文を完成しなさい。

1. ＿＿＿＿＿＿＿いい点数がとれないとがっかりします。

2. いつも＿＿＿＿＿＿＿を予想して、そこだけ勉強します。

3. 今まで＿＿＿＿＿＿＿がありません。

(2)
A　JTB北海道支部では、ネットによる旅行案内のサービスが始まった。
B　旅行中の家族の様子や出来事などをネットで見ることができる。
C　旅行社の添乗員は24時間パソコンで観光客の写真を送っている。
D　旅行に出た高齢者の家族にとって、何よりのサービスだと思われる。

第3課

★ テープをもう一度聞いて、次の文を完成しなさい。

1. 高齢者の海外旅行の様子をインターネットで＿＿＿＿＿＿＿
   ＿＿＿＿＿を始めるそうだ。

2. 旅行中の様子、景色、できごとなどを＿＿＿＿＿＿＿＿＿＿
   ＿＿＿＿＿撮影し、説明をつける。

3. それを見て＿＿＿＿＿＿＿＿＿＿＿＿＿自分も旅行してい
   るような気持ちになれる。

五、テープを聞いて、次の質問に答えなさい。

質問：
1. いつミーティングをしますか。

2. 会議室は何階にありますか。

3. 会議室の鍵はどこにありますか。

4. ミーティングは何時に終わる予定ですか。

5. 会議室の鍵はミーティング後、どのようにしますか。

★ テープをもう一度聞いて、会話の内容を日本語で叙述文でま
とめなさい。

単　語

隅っこ（すみっこ）	角落
当たる（あたる）	命中
はずれる	落空
添乗員（てんじょういん）	全程陪同（旅游）
かかる	上（锁）

………… * ………… * ………… * ………… * …………

B

問題一　テープを聞いて、次の文を完成しなさい。外来語は片仮名で、その他は漢字で書き入れなさい。(テープは二回流します)(20点)

やりたいという気持ちが少しでも＿＿＿＿えたら、とにかく行動を起こしたほうがいいんじゃないかな。考えすぎて、＿＿＿＿＿きがとれなくなるのはもったいない気がする。それから、周りに目を向けてみることも大事ですよね。改めて目を向けてみると、＿＿＿＿＿できるものは周りにたくさん落ちていますから。私も自分の周りに落ちているものをしっかりと拾いつつ頑張ります！

まず、迷っている場合じゃないです！とりあえず、何でもやってみたほうがいいし、やってみて合わなかったら＿＿＿＿＿すればいい。何かに＿＿＿＿＿して、損なことって、そんなにないですよ。もちろん、私だって、途中で＿＿＿＿＿したことはあります。それと、ある程度年をとっていた方が、習い事や＿＿＿＿＿に熱が入る場合もあると思うんです。若いと、まだまだ時間がある、いつでもできるって＿＿＿＿＿しちゃうでしょ。年を重ねると、「今やらないと！」っていう意識が働くから、目的や目標がはっきりしてくるから、＿＿＿＿＿で伸びることもありますよね。だから、何かを始めようとしている時に、年齢を気にして迷うなんて＿＿＿＿＿ですよ。とにかく、始めてみることです。

問題二　テープを聞いて、抜けた言葉の意味を下線部に中国語で書き入れなさい。(テープは二回流します)(20点)

1. 名刺には何も書いていないけど、あの人の＿＿＿＿＿はなんですか。

2. 父はいつも朝刊に＿＿＿＿＿から会社へ行きます。
3. 実力＿＿＿＿＿のトップに位置づけられました。
4. 今月は＿＿＿＿＿＿＿、とてもテニスに行く時間などありません。
5. この問題については十分に討議を重ねる必要があり、＿＿＿＿＿には結論を出せない。
6. この学校は、＿＿＿＿＿＿、生徒の個性を大事にしています。
7. あのひとはふだん＿＿＿＿＿＿＿＿が、仕事の話となると急にまじめになります。
8. 僕の期末テストの点数がみんなに知られたら、母はきっと＿＿＿＿＿＿。
9. あの兄弟、どちらも東大の法学部を出たエリートだけど、性格は＿＿＿＿＿＿ほど違うんだ。
10. 学歴がどうか、また、出身校がどこかによらず、＿＿＿＿＿＿＿＿＿＿＿企業が今後増えていくだろう。

問題三　テープを聞いて、質問に答えなさい。

1　正しい答えを一つ選びなさい。(テープは一回流します)(8点)
(1番)
質問：女の人はさっきどんな言い方で話しましたか。
　A　簡単に話しました。
　B　遠まわしに話しました。
　C　いい加減に話しました。
　D　ほとんど話しませんでした。

(2番)
質問：男の人はあした何をしようと思っていますか。
　A　女の人の論文を読む。
　B　東京からの母を迎えに行く。

C　学生を連れて奈良へ行く。
　　D　お母さんをどこかへ案内する。

　2　テープの内容と合っているものに〇、違っているものに×をつけなさい。(テープは一回流します)(12点)
(1番)
　　A　学問や勉強は大抵の場合はすぐに役立つものだ。
　　B　学問や勉強は大抵の場合はすぐに役立たないように見える。
　　C　学問や勉強はファストフードで食事をするのと同じようなものだ。
　　D　大学に入った以上、躊躇せず勉強に没頭すべきだ。

(2番)
　　A　駅の近くに自転車置き場がないので、駅前の歩道に自転車を置く人が多い。
　　B　バイクや自転車が止めてあるせいで、駅に行くのに大変不便だ。
　　C　風の強い日に一番心配なのは、子供が倒れたり怪我をしたりすることだ。
　　D　こういった駅前の様子では、地震などがあったら大変なことになる。

問題四　テープを聞いて、会話の内容を日本語で叙述文でまとめなさい。(テープは二回流します)(20点)

_____

_____

_____

単　語

ゼミ	(大学)研讨会
役立つ(やくだつ)	有用
ファストフード	快餐食品
馬鹿げる(ばかげる)	显得愚蠢
遠回り(とおまわり)	绕道
ふさぐ	堵塞

第 3 課

第 4 課

A

一、テープを聞いて、次の文を完成しなさい。外来語は片仮名で、その他は漢字で書き入れなさい。

　カウンセリングとは、理論に基づいて会話をしながら人の心を科学的に分析していくことである。APCでは、まず_____やゲームを通して、カウンセリングに必要な_____を習得する。そして、実際に現場で使われている相談者の心をほぐす技法なども身につけ、実習を行う。現役カウンセラーによる丁寧な指導で、_____までを_____する！

　授業では、性格の_____やストレスが原因で起こる心身の_____などを様々な事例を交えながら解説する。また、実践を想定した_____カウンセリングでは、知識を定着させるのはもちろんのこと、現場で相談者と呼吸を合わせる____にもなる。

　講師は全員、カウンセリングルームで_____の現役カウンセラーである。現場で培ったカウンセリングのノウハウを_____してくれる。また、文部科学省認可生涯学習開発財団_____だから安心できる。

★　次の下線に適当な漢字を入れ、意味の通じる言葉にしなさい。

| しかく | 資格 | 資____ | 資____ | 資____ | 資____ |
| こうぞう | 構造 | 構____ | 構____ | 構____ | 構____ |

もぎ	模擬	模___	模___	模___	模___
かつやく	活躍	活___	活___	活___	活___
でんじゅ	伝授	伝___	伝___	伝___	伝___

二、テープを聞いて、抜けた言葉の意味を下線部に中国語で書き入れなさい。

1. 受験生の前で「落ちる」という言葉は_____です。
2. 歴史の1ページを飾るような_____を目の当たりにし、感銘深かった。
3. 英語が出来ると言ったばかりに通訳をさせられ、_____羽目に陥った。
4. _____は70年代を通して大都市にとどまらず、地方にまで波及していた。
5. 秋になっても卒学論文の構想がまとまらず、_____の日々である。
6. 近頃は会社の_____、海外への単身赴任者が増えている。
7. 私たちには_____でも、ヨーロッパからの視線には奇妙に映るらしい。
8. 面接官も受験者の_____と努力するのだ。
9. 山本先生は他の個性的な先生と比較しても、_____。
10. 今回の従業員募集には、_____を採り、優秀なものを採用します。

三、テープを聞いて、正しい答えを一つ選びなさい。

(1)
質問:お母さんは息子に何をしてほしいと思っていますか。

A 受験生だから、もっと勉強してほしい。
B 受験生だから、勉強以外のことをしないでほしい。
C 勉強ばかりしないで、家事でも手伝ってほしい。
D 勉強ばかりしないで、リラックスして話し合ってほしい。

★ テープをもう一度聞いて、キーワートを探し出しなさい。

(2)
質問：女の人はどんな人ですか。
A きちょうめんな人。
B 思いやりのある人。
C いたずら好きな人。
D 自分勝手な人。

★ テープをもう一度聞いて、質問に答えなさい。

1. 男の人はなにをコピーしようとするところですか。

2. 女の人はどんなことを男の人に頼みましたか。

3. だれがだれに辞書を貸してもらったのですか。

四、テープを聞いて、テープの内容と合っているものに〇、違っているものに×をつけなさい。

(1)
A 筆者は若いころよく海外旅行に行ったので、外国語も幾つかできるという。

B トップスターはみんな高い意識を持っている。
C 仕事をうまくこなすために、いろいろな知識を身につけなければならない。
D ボランティア活動をしたり、親善大使の話を聞いたりすることもいい勉強になった。

★ テープをもう一度聞いて、次の文を完成しなさい。

1. 若い頃から仕事で＿＿＿＿＿＿＿＿のインタビューに行ったり、お会いする機会がありました。

2. ＿＿＿＿＿＿＿のお話を頂いたり…。

3. 自分が学びたいことを学ぶうちに、＿＿＿＿＿＿＿コミュニケーターとしてのスタイルがついてくるようになった。

(2)
A 服装は着る人の行動を変える。
B 最近、病院の壁は白より青やピンクが多くなってきた。
C 外見に影響されるせいか、背の高い人の方がずっと得なのだ。
D 「外見より中身」は昔の人を判断する基準である。

★ テープをもう一度聞いて、次の文を完成しなさい。

1. 最近は病院に来る人の気持ちを考えて、＿＿＿＿＿＿＿所が多くなった。

2. これは背が高い方が立派に見え、＿＿＿＿＿＿＿＿＿。

第4課

3. 外見だけで＿＿＿＿＿＿＿＿＿とよくいわれるが、…

五、テープを聞いて、次の質問に答えなさい。

質問：
1. 女の人はどんなテレビドラマを見ていますか。

2. 女のひとが見ているものは借りたのですか。買ったのですか。

3. 女の人が見ているものを全部見終わるにはどのぐらいかかりますか。

4. 男の人はどうして女の人にDVDを貸してあげなかったのですか。

5. 女の人は男の人とどんな約束をしましたか。

★ テープをもう一度聞いて、会話の内容を日本語で叙述文でまとめなさい。

_____

_____

_____

_____

単　語

カウンセリング	心理咨询
ほぐす	解开,读懂
バックアップ	支持,支援
定着(ていちゃく)	巩固
培う(つちかう)	养成,培养

ノウハウ	技术窍门,处理相关事物的专门知识和要领
スタイル	风格,方式
外見(がいけん)	外表,外在的东西
中身(なかみ)	内在

………… * ………… * ………… * ………… * …………

B

問題一　テープを聞いて、次の文を完成しなさい。外来語は片仮名で、その他は漢字で書き入れなさい。(テープは二回流します)(20点)

　　教壇は舞台、主役は自分、＿＿＿＿を浴びるのが快感だ、というくらいの自意識を持たないと、学生たちを惹きつける授業はできないもの。だからこそ、教案づくりには時間をかけ、＿＿＿＿の準備で臨む努力をしているのに、間抜けな失敗は尽きません。

　　例えば、授業の前夜、パソコンが突如＿＿＿＿し、せっかくの努力が＿＿＿＿、二年分の教案が一瞬にして消えてしまったり、＿＿＿＿で仕上げた教案を自室に置き忘れ、通勤電車の中で＿＿＿＿に書き直したり…。教案は授業の命綱。特に＿＿＿＿のうちは、これがないと授業が成立しません。気をつけましょう！

　　教師は誰しも、忘れられない学生との出会い、言葉に対する熱い想い、心に残る授業中の＿＿＿＿など、たくさんの「大切なもの」を胸に、今日も教壇に立っています。それは今日の授業の元気の＿＿＿＿になり、明日の＿＿＿＿になります。

問題二　テープを聞いて、抜けた言葉の意味を下線部に中国語で書き入れなさい。(テープは一回流します)(20点)

1. ＿＿＿＿＿＿のライブのチケットが手に入りましたけど、いっしょに行きませんか。
2. 文学作品とは、＿＿＿＿＿＿などをもとにして自分の思いや感動を表現したものである。
3. OA機器の操作を＿＿＿＿ほか、中国語の研修を取り入れている会社も少なくない。
4. あの町にはほかの大都市とは違った＿＿＿＿があります。

5. この件は一切君に任せる。＿＿＿＿＿に処置してくれ。
6. 建前ばかり言わずに本当にお互いの立場を理解しあえば仕事も＿＿＿＿＿＿＿＿だろう。
7. 人間は＿＿＿＿＿＿＿＿、幾多の試練を経てこそ強くなる。
8. 試験に来ない人には＿＿＿＿＿から、気をつけてください。
9. 第二世界大戦の前までは教育、特に高等教育は一部の人しか受けられませんでしたが、戦後＿＿＿＿＿に教育が受けられるようになりました。
10. 自分が対等な人間として扱われていないような気がして、＿＿＿＿＿＿＿＿＿＿。

問題三　テープを聞いて、質問に答えなさい。

1　正しい答えを一つ選びなさい。(テープは一回流します)(8点)

(1番)
質問：田中さんは今どのような状態でしょうか。
　A　病気です。
　B　試験のことを心配しています。
　C　気を失っています。
　D　人生の目標を見失っています。

(2番)
質問：男の人はいくら払いますか。
　A　2万円。
　B　1万8,000円。
　C　2万1,000千円。
　D　1万4,000円。

第4課

2 テープの内容と合っているものに○、違っているものに×をつけなさい。(テープは一回流します)(12点)

(1番)
A 学習方法は、耳で覚えるより肌で感じるほうが大切だ。
B 学習方法は人によって違うが、筆者は読むだけで覚えられる。
C 好きでハンサムな先生の授業を受けたら、その話を絶対忘れられない。
D 学習者自身で自分に合う効果的な学習方法を見つけるべきだ。

(2番)
A そこのラーメン屋は安いからいつも客でいっぱいだ。
B そこのラーメン屋は美味しさで有名になって、いつも人気を呼んでいる。
C 筆者は1時間ぐらい待たされて、やっと店に入った。
D 筆者は時間をかけて待った甲斐のあるラーメンを食べた。

問題四 テープを聞いて、会話の内容を日本語で叙述文でまとめなさい。(テープは二回流します)(20点)

_____

_____

_____

_____

 単 語

主役(しゅやく)　　　　　　主角
惹きつける(ひきつける)　　吸引……的興趣

間抜け(まぬけ)	愚蠢的
突如(とつじょ)	突然
エピソード	轶事,有趣的小事情
オーバー	夸张
ヒアリング	听力
ビジュアル	视觉
フィーリング	感觉
見極める(みきわめる)	辩明,分辨清楚

第 5 課

A

一、テープを聞いて、次の文を完成しなさい。外来語は片仮名で、その他は漢字で書き入れなさい。

　家族のなかで、夫の力が強まっているのか。それとも、妻の力が強まっているのか。あるいは、子供の力が_____になっているのか。消費に見る家族の力関係を、4年前、民間の研究所が調査した。家族のそれぞれの意見が反映された影響度を、_____の点数を10点として、夫、妻、子供らに振り分けてもらう形で尋ね、夫、妻、子供の力の比を求めた。その結果、車や新聞の選択など、_____、夫の力が強かった分野にまで、妻の力が強くなっている妻権化が広がっていることがわかった。

　そして、今年の3月、再び同じ調査を_____した。進んでいると思われた妻権化は、_____やパソコンなどのIT系の消費、日本酒などのアルコールの消費では_____だったものの、それ以外の分野ではそれほどではなかった。

　4年前と比較して、全体のおよそ4分の3の項目では家族の力のバランスには変化がなかった。その一つが、妻がほとんど1人で選択している日用品や妻の身の回りの商品であった。_____や、カレールー、妻の_____などである。生活に関心を向ける夫が増えているものの、おそらく夫が永遠に口の挟めない分野なのであろう。冷蔵庫・洗濯機やエアコン、テレビ・ビデオなどの_____も、夫と妻と子供の力のバラ

ンスに変化がない。それぞれの得意分野でお互いの意見を
＿＿＿＿＿＿している結果であろうか。

★　次の下線に適当な漢字を入れ、意味の通じる言葉にしなさい。

きょうりょく	強力	強＿＿	強＿＿	強＿＿	強＿＿
ごうけい	合計	合＿＿	合＿＿	合＿＿	合＿＿
じっし	実施	実＿＿	実＿＿	実＿＿	実＿＿
がいしゅつ	外出	外＿＿	外＿＿	外＿＿	外＿＿
かでん	家電	家＿＿	家＿＿	家＿＿	家＿＿

二、テープを聞いて、抜けた言葉の意味を下線部に中国語で書き入れなさい。

1. その少年を非行の道へと走らせたのは両親の離婚に伴う＿＿＿＿＿＿が原因だった。
2. 昨夜の火事の原因は放火の疑いと見られており、警察では＿＿＿＿＿＿がいなかったか、探している。
3. 古くから＿＿＿＿＿＿＿＿＿＿＿＿＿＿といいます。一日遅れるだけでも、ずいぶん大きな損を蒙ることになってしまうから。
4. レストランの経営原則は、＿＿＿＿＿＿と薄利多売に徹底することである。
5. 脳死状態に陥った患者の臓器移植をめぐって、その是非が＿＿＿＿＿＿＿＿＿＿。
6. 交通事故や殺人事件が＿＿＿＿＿＿＿＿＿＿＿のことであるとはひどい世の中だ。
7. たまたま一度うまくいったくらいで、＿＿＿＿＿＿＿＿．＿＿＿＿＿＿＿んじゃない。
8. 家庭に入ったきり＿＿＿＿＿＿＿＿＿＿＿＿＿＿＿＿＿専業「主夫」になる男性がいて、その割合が最近増えているそうです。

第5課

9. 戦後四十年ほどの間に約＿＿＿＿＿＿ことになりました、日本は今高齢化が進むということです。
10. このごろはファッションで見るかぎり、＿＿＿＿＿＿ように思われる。

三、テープを聞いて、正しい答えを一つ選びなさい。

(1)
質問：男の人はなにを悩んでいますか。
　A　子供が母親とうまくいかないこと。
　B　子供が母親に甘えすぎること。
　C　子供が父親と親しくないこと。
　D　子供が母親に抵抗すること。

★　テープをもう一度聞いて、キーワートを探し出しなさい。

＿＿＿＿＿＿＿＿＿＿＿＿＿＿＿＿＿＿＿＿＿＿＿＿

(2)
質問：女性のアパートの部屋はどんな部屋ですか。
　A　6畳の部屋で机もベッドもあります。
　B　8畳の部屋で机もベッドもありません。
　C　6畳の部屋で壁の色が白いです。
　D　8畳の部屋で壁の色が白いです。

★　テープをもう一度聞いて、質問に答えなさい。

1. 男の人の部屋と女の人の部屋とどちらが広いですか。

2. 男の人の部屋の広さはどのぐらいですか。

3. どんな部屋が広く感じられますか。

四、テープを聞いて、テープの内容と合っているものに○、違っているものに×をつけなさい。

(1)
　A　他者の助けを「期待」しているだけでは人は成長しない。
　B　自分への「信頼」をきちんと持つことが大切だ。
　C　自分にできることを幾つか選んで行動することが大切だ。
　D　同じことをやるより新しいことにチャレンジすべきだ。

★　テープをもう一度聞いて、次の文を完成しなさい。

1. ＿＿＿＿＿＿＿＿＿＿＿＿＿は、あくまでも「自分が好きなことにチャレンジし続ける」という気持ちです。

2. いろいろ浮かんだら、すぐできることをひとつ選んで、＿＿＿＿＿＿＿＿＿＿＿＿＿＿＿。

3. ＿＿＿＿＿＿＿＿＿＿＿＿＿あなたを実感できればOKです。

(2)
　A　幸せは理屈で説明できるものだ。
　B　幸せは自分自身の心でしか感じられないものだ。
　C　幸せは一生懸命に求めれば感じられるものだ。
　D　たくさん悩んだ後に、幸せが見えてくるのだ。

★　テープをもう一度聞いて、次の文を完成しなさい。

1. これはもっとも＿＿＿＿＿＿＿＿＿＿であります。

2. つねに＿＿＿＿＿＿＿＿＿＿＿＿＿＿＿、自分の幸せとは何かを真剣に考える必要はあります。

3. しかし、＿＿＿＿＿＿＿＿＿＿＿＿＿＿＿＿＿、幸せは見えてきません。

五、テープを聞いて、次の質問に答えなさい。

質問：
1. 新しく建ったのはなんですか。

2. いまも商店街に残っている店はなんの店ですか。

3. スーパーのところに昔は何がありましたか。

4. 子供はなぜ喜んでいますか。

5. お父さんはどんなことを懐かしがっていますか。

★　テープをもう一度聞いて、会話の内容を日本語で叙述文でまとめなさい。

_____
_____
_____
_____

単　語

スムーズ　　　　　　　順利
抱負（ほうふ）　　　　抱负
窮する（きゅう）　　　不知如何
理屈（りくつ）　　　　理由
淵（ふち）　　　　　　深淵
忽然（こつぜん）　　　突然
銭湯（せんとう）　　　澡堂

……… ＊ ……… ＊ ……… ＊ ……… ＊ ………

B

問題一　テープを聞いて、次の文を完成しなさい。外来語は片仮名で、その他は漢字で書き入れなさい。（テープは二回流します）(20点)

　日本では、就職の時期になると、どの大学の＿＿＿＿＿＿＿でもネクタイにスーツ姿の学生を良く見かけます。普段は長髪を黄色に染め、ジーンズ姿の男子学生も、就職活動をする時は良い＿＿＿＿＿を得るために、必ず髪の形や服装を整えて、＿＿＿＿＿＿＿＿＿になっても問題のないことを示します。日本では言葉が＿＿＿＿＿だったり、服装に＿＿＿＿＿な人は仕事も真面目にできる筈がないと思われることがあります。そのため、就職試験を受けるときの態度や服装は重要な＿＿＿＿＿＿＿の要素になります。第一印象を重んじる日本人に仕事などで始めて会う時や就職の面接を受ける時は、一般に＿＿＿＿＿などの普段着を避け、男性は紺か灰色のスーツにネクタイ、女性もスーツが一般的です。また、コートを着たまま椅子に座ったり、足を組んだり＿＿＿＿＿＿＿なことをすると、きっとマイナスになるので、このようなことをしないように注意してください。また、時間を＿＿＿＿＿して人との約束を大切にする人が周囲の人々や取引相手から＿＿＿＿＿されます。

問題二　テープを聞いて、抜けた言葉の意味を下線部に中国語で書き入れなさい。（テープは一回流します）(20点)

1. 文明生活に飽いた人たちは「＿＿＿＿＿＿＿」というような主張をする。
2. 経済発展につれて、＿＿＿＿＿＿＿がだんだん深刻になってきた。

3. 不景気が続くと、パート社員からリストラ、つまり_____
_____。
4. 「_____」のとおり、つらいことでも長い間辛抱すればいいことがあるという。
5. 最近テレビゲームに_____子供が増えてきたと言われている。
6. 課長は言うべきことを_____に練習しています。
7. 脳死問題となれば学者も_____は出来ない。
8. 情報化時代だけに_____などが広まるのも早い。
9. 手持ちの現金では足りないかもしれないが、いざとなれば_____ことができる。
10. 健康保険に加入しているので、医療費のうちの_____
_____。

問題三　テープを聞いて、質問に答えなさい。

1　正しい答えを一つ選びなさい。(テープは一回流します)(8点)

(1番)
質問：男の人はどうしてベルが鳴るのを待ち望んでいるのですか。
　A　友達が待っているから。
　B　もう疲れたから。
　C　お中が空いたから。
　D　死にそうだから。

(2番)
質問：女の人はどうして怒ってるのですか。
　A　夫が毎晩飲んで帰ってくるから。
　B　夫が土・日も出勤するから。

C 夫がサッカーの試合に出ているから。
D 夫が自分の言うことを聞いてくれないから。

2 テープの内容と合っているものに〇、違っているものに×をつけなさい。(テープは一回流します)(12点)

(1番)
A 引越し準備の時に、小学校の卒業アルバム集が見つかった。
B 子供の頃、自分の憧れた職業はパンやさんだった。
C 夢は何と言っても一時的なものだ、長く続けられない。
D 子供の頃の夢を実現するために、今でも頑張り続けている。

(2番)
A 筆者はある研究所の所長のそばで20年ほど仕事してきた。
B 20代のころは、所長と共同で仕事する機会が少なかった。
C 筆者は所長の「よい癖」ばかりを真似して勉強してきた。
D 「よい癖」をもつ人を探すのは難しい。

問題四 テープを聞いて、会話の内容を日本語で叙述文でまとめなさい。(テープは二回流します)(20点)

_____

_____

_____

単 語

取引(とりひき)　　　　　　交易
地元(じもと)　　　　　　　当地
心掛ける(こころがける)　　留心

ハイウェイ	高速公路
追いはぎ（おいはぎ）	劫路賊
ヒッチハイク	拦车旅行

第 6 課

A

一、テープを聞いて、次の文を完成しなさい。外来語は片仮名で、その他は漢字で書き入れなさい。

　今、電車やバスの車内や、レストランなどでは、携帯電話の普及率の高さの割にはマナーがある程度ルール化され、＿＿＿＿も少なくなっているようです。静かな車内などで「ガハハッ！」と電話をするのは余りに目立つため、よほどの＿＿＿＿の持ち主でない限りひそひそ声で「今バスの車内だから」と話し、電車の場合にはそのまま出ないで切ってしまいます。＿＿＿＿＿＿＿は職場でも定着し、それがほぼ当たり前となっているのです。
　しかもこれはわずか数年のことで、これほどの＿＿＿で増え続けた「移動式電話機」のルールとしては＿＿＿＿なほどのマナー定着と言えましょう！実際にこの携帯電話が普及し始めたころは揉め事が＿＿＿＿＿し、ひょっとしたら殺傷ざたさえもあろうかと気をもんだものですが、幸いそうした＿＿＿＿＿＿＿は見ないで済んでいるようです。
　これは、長年にわたり＿＿＿＿されてきた喫煙が、迷惑ばかりか、健康を害するということから＿＿＿＿・喫煙とやっと分けられ、ようやくこのマナー違反をする人が＿＿＿＿＿となったのに比べ、とても早いマナー定着です。私はこれを大きな「ケータイのマナー効果」と言っているのです。

★ 次の下線に適当な漢字を入れ、意味の通じる言葉にしなさい。

しんけい	神経	神___	神___	神___	神___
いじょう	異常	異___	異___	異___	異___
きじ	記事	記___	記___	記___	記___
ほうち	放置	放___	放___	放___	放___
きんえん	禁煙	禁___	禁___	禁___	禁___

二、テープを聞いて、抜けた言葉の意味を下線部に中国語で書き入れなさい。

1. 多くの肥満は過食・偏食が定着した_____の変化によるものと言えます。
2. 戦争のために、いかに多くの_____が失われたことだろう。
3. _____の彼のことだから、どうせ長続きはしないだろう。
4. 現在中国において多くの企業は労働集約的な産業から_____へ移動しつつあります。
5. 1人も通わぬような山奥に、_____がぽつんと一軒建っていた。
6. 彼は是が非でもこの資格を取ろうと決意し、_____で勉強に励んでいる。
7. 昨日兄と喧嘩をしましたが、_____よく考えると自分が間違っていたことがわかりました。
8. かれは_____ので、給料の支払いを半月分押さえられた。
9. 核家族は家族同士の_____気楽だが、異なる世代との交流に欠けます。
10. IT革命の進展で、新しい技術を使える若者と使えない高齢者

第6課

との間に＿＿＿＿＿＿と思われる。

三、テープを聞いて、正しい答えを一つ選びなさい。

(1)
質問：この中にどんな人が入れますか。
　A　一般の人。
　B　未成年の者。
　C　関係のある人。
　D　子供。

★　テープをもう一度聞いて、キーワートを探し出しなさい。

_____

(2)
質問：女性は小学生のころ、将来何になりたいと思っていましたか。
　A　花屋さんです。
　B　看護婦です。
　C　柔道の選手です。
　D　警察官です。

★　テープをもう一度聞いて、質問に答えなさい。

1. 女の子が一般的に憧れる職業はなんですか。

2. 女の人は小学生の時、なにを習いましたか。

3. 女の人はなぜ警察官になりたかったのですか。

四、テープを聞いて、テープの内容と合っているものに〇、違っているものに×をつけなさい。

(1)
A　同じ選択でも、人によって違う態度を示すことがある。
B　選択肢が多いほど、楽しく決められる。
C　筆者は子供のころ、何か自分でものを選ぶ時に、くじに任せていた。
D　子供のころの選択の仕方は今でも役に立つ。

★　テープをもう一度聞いて、次の文を完成しなさい。

1. ＿＿＿＿＿＿＿ような重大な選択からちょっとした選択まで様々だ。

2. ＿＿＿＿＿＿＿もいれば、簡単に決めてしまう人もいる。

3. 私が子供のころは、選ぶものを並べて、「＿＿＿＿＿＿＿＿＿＿＿＿＿＿＿＿＿」と言って決めたものだ。

(2)
A　「毎日が新しい始まり」という考え方は前向きな姿勢だ。
B　気分が落ち込む時は、過去の失敗や不快なことを忘れればいい。
C　ただの主婦だから躊躇せず、勉強の世界の楽しさをあじわってほしい。
D　筆者は以前、人前で話す仕事をしていた。

第6課

★　テープをもう一度聞いて、次の文を完成しなさい。

1. ＿＿＿＿＿であることですよね。

2. だから何かを始めたいと思ったら＿＿＿＿＿。

3. ＿＿＿＿＿が自分のことを「ただの主婦だから」とか、＿＿＿＿＿が「もう年だから」とおっしゃるのを耳にしますが。

五、テープを聞いて、次の質問に答えなさい。

質問：
1. 女の人が宅急便に頼んだ果物はなんですか。

2. その果物をどこに届けてもらいましたか。

3. 夜間配達とはなんですか。

4. 女の人はどうして夜間配達にしなかったのですか。

5. 女の人はついでに何を買いましたか。

★　テープをもう一度聞いて、会話の内容を日本語で叙述文でまとめなさい。

単 語

目立つ(めだつ)	引人注目
定着(ていちゃく)	固定
天神様(てんじんさま)	天神
ポジティブ	积极的
躊躇(ちゅうちょ)	犹豫
年配(ねんぱい)	上年纪

············ ✼ ············ ✼ ············ ✼ ············ ✼ ············

B

問題一　テープを聞いて、次の文を完成しなさい。外来語は片仮名で、その他は漢字で書き入れなさい。(テープは二回流します)(20点)

　　高度成長期以後は、たとえば_____係数というような_____では、日本人の食生活について計ることは難しくなっている。それは、量的には食べる量を減らすという一方で、「本当においしいものを食べよう」という人々の関心が高まっているからである。
　　その1つが「_____」であろう。「グルメ」とは、「食通」を意味するフランス語であるが、これに「手づくり」や「_____」といった_____が重なり、_____を満たすために食べるのではなく、楽しみながら食べるという考え方が当然のごとく現れている。
　　たとえば、東京には世界中の_____が集まり、テレビやラジオ・雑誌などでは「おいしい店」の記事が紹介され、贅沢で_____なレストランもごく普通のOLが、一種のファッションとして、おしゃれ着を買うような感覚で利用するようになり、一般の家庭でも、ステーキや刺身や天ぷらが特別の日でなくても_____にのぼるようになった。しかし、そのことが日本人の食生活や食文化を本当に_____させているかどうかは定かでない。

問題二　テープを聞いて、抜けた言葉の意味を下線部に中国語で書き入れなさい。(テープは二回流します)(20点)

1. 旅行には_____を持っていくといいです。
2. かれはまた道に迷ったって？まったく_____なんですから。

3. 政治家は元来国民のために働くものであって、功績を収めたとしても取り立てて＿＿＿＿＿にはあたらない。
4. われわれの主な目標は＿＿＿＿＿で決勝に進出することです。
5. 挨拶の語を印刷しただけの年賀状は＿＿＿＿＿。
6. これは酒によって＿＿＿＿＿＿＿と言うのです。
7. 今日は会社を休んだ人がたくさんいたので、＿＿＿＿＿。
8. ＿＿＿＿＿も同様に、家庭の温かさを必要としています。
9. 物を浪費しない＿＿＿＿＿を主張し、簡素な生活を実行している人たちも出てきた。
10. ちかごろは＿＿＿＿＿＿＿＿＿＿そうですが、もっと自由に遊ばせるべきだと思います。

問題三　テープを聞いて、質問に答えなさい。

1　正しい答えを一つ選びなさい。(テープは一回流します)(8点)

(1番)
質問：男の人は明日何をしますか。
  A　ゆっくり休む。
  B　予定を決める。
  C　ニューヨークを案内する。
  D　ニューヨークを見物する。

(2番)
質問：女の人はなぜ品物を取り替えたかったのですか。
  A　サイズを間違えたから。
  B　色を間違えたから。
  C　値段が高かったから。
  D　質が悪かったから。

2 テープの内容と合っているものに〇、違っているものに×をつけなさい。(テープは一回流します)(12点)

(1番)
A やりたいことをできるだけ絞って取り組んだほうがいい。
B 人生は楽しまないと損である。
C 何かやりたいことがあったら、まず、本を読んでから、実際やっている人に聞いたほうがいい。
D やりたいことは、まず、言葉に出して言ってしまうと、やる気になる。

(2番)
A やる気を出させるには、相手のほしいものを与えるべきだ。
B やる気を出させるには、ほめたほうがいい。
C 人間は一度満足感を与えられると、やる気がなくなってしまう。
D 叱られることによるプラス効果もある。

問題四　テープを聞いて、会話の内容を日本語で叙述文でまとめなさい。(テープは二回流します)(20点)

_____
_____
_____

単　語

殺傷ざた(さっしょうざた)	伤亡事件
取り替える(とりかえる)	交换
挫折(ざせつ)	挫折
開拓(かいたく)	开拓
エンジン	引擎
報酬(ほうしゅう)	报酬

第 7 課

A

一、テープを聞いて、次の文を完成しなさい。外来語は片仮名で、その他は漢字で書き入れなさい。

　昔、人々は1年を2期に分けて考えており、その始まりは正月と盆でした。人々は期の始まりに、＿＿＿＿を持って「今後もよろしく」と挨拶回りに走る。もしくは挨拶の集いに参加しました。江戸時代では、＿＿＿＿から親戚関係、ご近所などの家を、なんと元旦から1月末まで毎日回り続ける人もいたそうです。身分の高い人は訪問を受け、低い人は訪問回りする役でした。しかし、さすがに遠方のお宅には訪問することができないので、江戸時代の身分のある人々は飛脚便などを使って＿＿＿＿や贈り物を届けました。
　これらの習慣が明治6年に日本のハガキ＿＿＿＿が始まったのを機に、遠方以外の人にも挨拶状を送る習慣が広まっていきました。年賀郵便の制度は明治39年に始まり、昭和24年にはお＿＿＿＿つきはがきが発売され、年賀状の普及に＿＿＿＿をかけました。一方、暑中見舞いハガキを送る習慣が広まったのは＿＿＿＿のようです。
　近年は家庭でのパソコンや＿＿＿＿、デジカメなどの普及率も上がり、予め印刷された絵ハガキを使わず＿＿＿＿の年賀状や暑中見舞いを作って送る人が増えたようです。また、全て印刷ではなく＿＿＿＿のメッセージを添えてあるのをよく見かけます。

やはり送る人全てに同じものを送ったのでは、心が伝わらないからなのでしょう。

★　次の下線に適当な漢字を入れ、意味の通じる言葉にしなさい。

ぞう<u>とう</u>	贈答	＿＿答	＿＿答	＿＿答	＿＿答
<u>しょじょう</u>	書状	書＿＿	書＿＿	書＿＿	書＿＿
<u>はいたつ</u>	配達	配＿＿	配＿＿	配＿＿	配＿＿
はく<u>しゃ</u>	拍車	＿＿車	＿＿車	＿＿車	＿＿車
<u>てがき</u>	手書き	手＿＿	手＿＿	手＿＿	手＿＿

二、テープを聞いて、抜けた言葉の意味を下線部に中国語で書き入れなさい。

1. あの＿＿＿＿＿＿＿＿＿＿のそういう話が聞けて、実はほっとしたのです。
2. 質素で、落ち着いた雰囲気を求めるのは、日本人＿＿＿＿＿＿＿＿＿＿です。
3. あの二人はとっくに＿＿＿＿＿＿＿になり、子供のために離婚しないだけです。
4. ＿＿＿＿＿＿＿＿とは「身体の不自由な人が日常生活をするのに邪魔なものを取り除いた」の意味である。
5. 彼女はそんな厳しい批評をされても、＿＿＿＿＿＿＿＿＿、いつものように淡々としていた。
6. あの二人はお互いに強い＿＿＿＿＿＿＿＿を燃やし合っています。
7. まさかあの二人は＿＿＿＿＿＿＿＿＿＿＿のでしょうか。
8. 彼は真面目一方の人で、よく言えば仕事一筋の人ですが、＿＿＿＿＿＿＿＿＿ところが難点です。
9. ＿＿＿＿＿＿＿＿＿＿と思われるかも知れませんが、友達で

すから言わずにいられません。
10. ラジオから流れてくる日本の民謡を＿＿＿＿＿＿＿＿＿
と、何だか懐かしい気分になった。

三、テープを聞いて、正しい答えを一つ選びなさい。

（1）
質問：女の人はどんな日本料理が好きですか。
　A　男の人と同じく、刺身がすきです。
　B　男の人と違って、刺身がすきです。
　C　刺身以外の日本料理が好きです。
　D　日本料理なら、何でも好きです。

★　テープをもう一度聞いて、キーワートを探し出しなさい。
＿＿＿＿＿＿＿＿＿＿＿＿＿＿＿＿＿＿＿＿＿＿＿＿＿＿

（2）
質問：「アメとムチ」というのは何ですか。
　A　優しさと厳しさです。
　B　優しさと忍耐です。
　C　甘やかすことと叱ることです。
　D　手助けすることと自分でやらせることです。

★　テープをもう一度聞いて、質問に答えなさい。

1.「アメとムチ」の漢字がかけますか。

2.「アメ」はどんなものですか。

第7課

3.「ムチ」はどういうときに使うものですか。

四、テープを聞いて、テープの内容と合っているものに〇、違っているものに×をつけなさい。

(1)
A　玄関はお客を迎えたり挨拶したりするところだ。
B　「玄関」はもともと神社の入り口を指す言葉だった。
C　今でも玄関は家の中で一番神聖な所と見られている。
D　玄関を花や置物で飾るのは、そこが家の顔だからだ。

★　テープをもう一度聞いて、次の文を完成しなさい。

1. 靴を脱いで_____上がり、奥の客間へと通される。

2. もともと「玄関」は_____を指す言葉だった。

3. 家の_____でもある玄関は、いわば家の顔。

(2)
A　日本は場合によって歩行者優先だ。
B　この国でも人々はうまく道を渡っている。
C　この国では運転手は気嫌がいい時にクラクションを鳴らす。
D　この国の交通状態に慣れれば、別におかしいとは思わない。

★　テープをもう一度聞いて、次の文を完成しなさい。

1. _____この国で、人が道を渡るには、渋滞で

車がとまったときしかない。

2. 彼らにとっては、＿＿＿＿＿＿＿＿＿＿＿＿＿＿＿動いているのかもしれない。

3. ＿＿＿＿＿＿＿＿＿＿＿寄ってきた車を追い払うかのように鳴らすのだ。

五、テープを聞いて、次の質問に答えなさい。

質問：
1. 女の人はどこからきたのですか。

2. 女の人は男の人になにを聞きましたか。

3. 男の人は時計を持っていますか。

4. 晴れた日にはどんな方法で時間を判断するのですか。

5. 天気の悪い日にはどんな方法で時間を判断するのですか。

★　テープをもう一度聞いて、会話の内容を日本語で叙述文でまとめなさい。

＿＿＿＿＿＿＿＿＿＿＿＿＿＿＿＿＿＿＿＿＿＿＿＿＿＿＿
＿＿＿＿＿＿＿＿＿＿＿＿＿＿＿＿＿＿＿＿＿＿＿＿＿＿＿
＿＿＿＿＿＿＿＿＿＿＿＿＿＿＿＿＿＿＿＿＿＿＿＿＿＿＿
＿＿＿＿＿＿＿＿＿＿＿＿＿＿＿＿＿＿＿＿＿＿＿＿＿＿＿

第7課

単　語

飛脚(ひきゃく)	信使
予め(あらかじめ)	事先
庶民(しょみん)	老百姓
区切る(くぎる)	隔开
クラクション	汽车的喇叭
割り切る(わりきる)	简单地下结论

………… * ………… * ………… * ………… * …………

B

問題一　テープを聞いて、次の文を完成しなさい。外来語は片仮名で、その他は漢字で書き入れなさい。(テープは二回流します)(20点)

　風呂は日本人の_____であり、一日の疲れを癒すのに欠かせません。海外では_____のみで、浴槽内で体を洗う国が多いようですが、日本人は湯につかるのが習慣です。そのため、海外のホテルに日本人の_____が泊まりに来た際、湯の_____が追いつかなくなったという話も聞くほどです。反対に、日本を訪れた外国人が、一般家庭の風呂では家族皆同じ湯を使う習慣を知らず、_____風呂の栓を抜いてしまうこともあるようです。

　また風呂は_____でもあります。全国に数千余りある温泉のヒノキ風呂や打たせ湯、石風呂など様々な種類の風呂を集めた_____は人気があります。人々は風呂に浸かりながら親しい友人や家族と談笑し、時には酒を飲み、良い気分になります。

　人生の最初の沐浴「もくよく」は産湯であり、死後は湯灌「ゆかん」によって清められます。この他、平安以降の公家などは、引越しや_____、病気が回復したり新年を迎えた際などに決まって入浴しました。宗教的、文化的通過_____としても湯を浴びることは、日本人にとって_____されてきたようです。

問題二　テープを聞いて、抜けた言葉の意味を下線部に中国語で書き入れなさい。(テープは一回流します)(20点)

1. いろいろなところに目配りできることが、私の_____　　　_____です。
2. あの子は_____、よくベッドから落ちるんですよ。
3. 関東平野に雪が降って_____真っ白になった。

4. 彼女はバレンタインデーにいつもたくさんの_____ _____を配っていました。

5. このように_____に囲まれた地に住んだら、きっと長生きするだろう。

6. わたしは彼女がもうあそこの会社で働いていないと_____ _____。

7. 駅の_____には大きなトランクも収められます。

8. わが家には家庭菜園があるので、野菜だけは_____ _____でまかなっている。

9. 去年、_____、あまり外出しなかったせいか、今年になってから、めっきりと足の力が衰えた。

10. _____の言葉が信じられるはずがない。

問題三　テープを聞いて、質問に答えなさい。

1　正しい答えを一つ選びなさい。(テープは一回流します)(8点)

(1番)

質問: 女の人は来週どうなると思っていますか。

A　今週より混むと思っています。
B　今週よりすこし混むと思っています。
C　今週ほど混まないと思っています。
D　今週ほど空いていないと思っています。

(2番)

質問: 新しい種類のなしはいくらぐらいでしょうか。

A　800円ぐらい。
B　400円ぐらい。
C　150円ぐらい。
D　100円ぐらい。

2　テープの内容と合っているものに〇、違っているものに×を
　　つけなさい。(テープは一回流します)(12点)

(1番)
　　A　この人の小旅行の条件は3時間以内の距離だ。
　　B　子供がいるので違う環境で過ごすのは楽しくない。
　　C　子供が騒ぐから静かな温泉に連れていっても休まらない。
　　D　この人はよくインターネットで旅行先の様子を調べておく。

(2番)
　　A　「おはよう」は朝から仕事する人に対するあいさつです。
　　B　「こんにちは」は「お元気ですか」の略語です。
　　C　「こんばんは」は「今晩は長い晩ですね」という略です。
　　D　これらの挨拶語は江戸時代には一般的に使われていました。

問題四　テープを聞いて、会話の内容を日本語で叙述文でまとめ
　　　　なさい。(テープは二回流します)(20点)

_____
_____
_____

　単　語

癒す(いやす)　　　　　　　治疗
栓(せん)　　　　　　　　　塞子
産湯(うぶゆ)　　　　　　　新生婴儿第一次洗澡
窮屈(きゅうくつ)　　　　　不舒畅
気遣う(きづかう)　　　　　担心
定か(さだか)　　　　　　　清楚,确实
柄(がら)　　　　　　　　　花纹

第7課

第8課

A

一、テープを聞いて、次の文を完成しなさい。外来語は片仮名で、その他は漢字で書き入れなさい。

「お金のために働くのはよそう」と言うと、「そんなこと言っちゃいられない」なんて声が返ってきそうですが、私は「お金から自由になろう！」と声を大にして言いたいのです。(略)
一般に「お金を_____なもの」と信じ込んでいる人ほど、お金に対する不安を強く抱きがちで、どんどん_____を大きくする傾向が見られます。不安になるたびに、もっとお金があれば安心できるのでは…という_____を抱くせいです。
　お金に対するあなたの意識は、あなたの生き方を_____しているんですね。人生においてお金が最強なのではなくて、あなたの意識が「お金の価値」も、また「お金の流れ」も決めているということを知りましょう。
　現に不安は、お金があれば消せるというものではありません。病気や_____を恐れない人生や、愛されて幸せに暮らす人生は、むしろお金にすがらない意識が作り上げていくものです。
　あなたはいつだって、_____に関係なく、幸せにもなれるし、楽しく働くこともできます。お金にまつわる不安を解き放って人生から_____を取り除くことができれば、_____として、お金のめぐりもよくなって幸せに生きられるようになるんです。(略)

気がつけば、＿＿＿＿＿＿なエネルギーの流れの中で、あなたに同調して楽しく働いて人生を送りたいという仲間たちに支えられ、＿＿＿＿＿も業績も、それに見合うお金もめぐっているようになるでしょう。

★　次の下線に適当な漢字を入れ、意味の通じる言葉にしなさい。

ぜったい	絶対	絶＿＿	絶＿＿	絶＿＿	絶＿＿
げんそう	幻想	幻＿＿	幻＿＿	幻＿＿	幻＿＿
しゅうにゅう	収入	収＿＿	収＿＿	収＿＿	収＿＿
けっか	結果	結＿＿	結＿＿	結＿＿	結＿＿
じんぼう	人望	＿＿望	＿＿望	＿＿望	＿＿望

二、テープを聞いて、抜けた言葉の意味を下線部に中国語で書き入れなさい。

1. かれには＿＿＿＿＿＿に、もう何回も参加した経験があります。
2. 場所といえば、＿＿＿＿＿＿がわかりやすくていいですね。
3. 一番難しい接待は、傷ついた＿＿＿＿＿＿を直すためのものである。
4. 先生に言われたことを＿＿＿＿＿＿おきたいです。
5. 彼は＿＿＿＿＿＿なので、気を許すことができない。
6. 何もしなくても問題が＿＿＿＿＿＿わけがないのです。
7. 最近スーパーでもいろんなおかずを売っているし、＿＿＿＿＿＿から、手がかからなくなった。
8. 彼女はプロのモデルになったつもりで、いろいろな＿＿＿＿＿＿。
9. 本日の中心テーマは教育現場における「いじめ問題」ですの

第8課

で、できるだけ＿＿＿＿＿＿ようにお願いします。
10. 日差しを照り返して、＿＿＿＿＿＿＿＿＿＿を歩くのは大変だ。

三、テープを聞いて、正しい答えを一つ選びなさい。

(1)
質問：渡辺先生の授業の特徴はなんでしょう。
　A　いつもなまっていること。
　B　話がよくそれること。
　C　話がとても早いこと。
　D　話がすぐ難しくなること。

★　テープをもう一度聞いて、キーワートを探し出しなさい。

＿＿＿＿＿＿＿＿＿＿＿＿＿＿＿＿＿＿＿＿＿＿＿＿

(2)
質問：男の人はなんのために電話をかけましたか。
　A　学会の連絡。
　B　就職の相談。
　C　帰国の連絡。
　D　先生を誘う。

★　テープをもう一度聞いて、質問に答えなさい。

1. 女の人は澤田先生とどんな関係ですか。

2. 澤田先生はどこにでかけていますか。

3. 男の人は何のために先生をさそいましたか。

四、テープを聞いて、テープの内容と合っているものに〇、違っているものに×をつけなさい。

(1)
A　バスに乗ってきた老婦人がすぐ席を譲ってもらった。
B　老婦人は文句を言ってから坐った。
C　その老婦人の態度を恥ずかしいと私は思う。
D　私は今まで老婦人のような気持ちを態度に表した覚えがない。

★　テープをもう一度聞いて、次の文を完成しなさい。

1. あいにく＿＿＿＿＿＿＿＿＿、座ることができませんでした。

2. まわりはシーンとなり、バスの中は＿＿＿＿＿＿＿＿＿＿＿になりました。

3. ＿＿＿＿＿＿＿＿＿＿＿＿として恥ずかしく思いました。

(2)
A　普通は各自専用の箸を使うのだが、お客が来たらみんな割り箸を使う。
B　取りばしは、みんなで使える箸のことだ。
C　割り箸の使用は環境によくないから、それを利用する店が少なくなってきた。
D　夫婦茶碗や夫婦ばしは、その柄や大きさで決められている。

★ テープをもう一度聞いて、次の文を完成しなさい。

1. 日本では、＿＿＿＿＿＿＿＿＿＿＿ように、たとえ家族でも、はしの共用は避けようとします。

2. 割りばしは使い捨てだから＿＿＿＿＿＿＿＿＿＿＿だとよく非難されますが。

3. ＿＿＿＿＿＿＿＿＿＿2点セットの茶碗やはしを夫婦茶碗や夫婦ばしと呼びます。

五、テープを聞いて、次の質問に答えなさい。

質問：
1. 女の人は何のためにパソコンを買うのですか。

2. 予算はどのぐらいですか。

3. どんな機種を買いたいと思っていますか。

4. すすめられたのはどんなパソコンですか。

5. そのパソコンのいいところはなんですか。

★ テープをもう一度聞いて、会話の内容を日本語で叙述文でまとめなさい。

単　語

縋る（すがる）	依赖、依靠
まつわる	关于
見合う（みあう）	相称
脱線（だっせん）	离开本题
無駄遣い（むだづかい）	浪费
夫婦茶碗（みょうとぢゃわん）	鸳鸯碗
スペース	空间

………… ＊ ………… ＊ ………… ＊ ………… ＊ …………

B

問題一　テープを聞いて、次の文を完成しなさい。外来語は片仮名で、その他は漢字で書き入れなさい。(テープは二回流します)(20点)

　　日本人は＿＿＿＿＿＿＿になってもその日にしなければならない仕事が残っていれば、＿＿＿＿＿＿せず、仕事を続けます。この「残業」は世界でも有名なほど長時間だそうです。あるアメリカの女性記者は日本人の残業ぶりを＿＿＿＿＿＿してこう言ったそうです。「日本人の残業は本当に＿＿＿＿＿＿ですね。必要な残業もあれば、勤務時間内にできる仕事なのに、わざわざ残業に回して、5時になってから、忙しそうにするのを見かけたことがあります。更に甚だしい時は、残業する仕事がなくても、書類の片付けなどと称して、ぐずぐずと事務室に残り、＿＿＿＿＿＿の仕事が終わるのを待っていることがあります。これはどうしてでしょう。」
　　日本人は団体に＿＿＿＿＿＿し、自分勝手な人と思われないように常に他人の目を気遣っているのです。不必要な残業をしようというのはこのような意識を反映しているからでしょう。
　　日本人のそういった意識はビジネスのやり方にも反映されています。例えば、新しく就任した社長は＿＿＿＿＿＿＿＿をする時、自己主張をあまり＿＿＿＿＿＿しません。こんな社長ならアメリカでは＿＿＿＿＿＿な人と見なされるかもしれませんが、日本では会社全員の信頼を受けてから、自分の＿＿＿＿＿＿を少しずつ古いものと入れ替えるそうです。

問題二　テープを聞いて、抜けた言葉の意味を下線部に中国語で書き入れなさい。(テープは一回流します)(20点)

　　1. ＿＿＿＿＿＿＿＿＿＿に勤める山田さんは、次のようなツア

ーを企画した。
2. 有名な東京タワーは_____だと言われている。
3. 私の姉は_____と結婚しました。でも、とても幸せそうです。
4. あの_____を着ている人は日本語の先生ですよ。
5. 彼は_____から知らせると秘密が漏れる恐れがあります。
6. すべての親は、子供の_____を祈っているものである。
7. 別れの時の先生の言葉は今でも_____。
8. 毎年、花火大会の日をみんなが、_____。
9. 君、「_____」ということわざの意味がわかる？
10. 勉強や仕事を忘れて、_____のは、素晴らしいことです。

問題三　テープを聞いて、質問に答えなさい。

1　正しい答えを一つ選びなさい。(テープは一回流します)(8点)
(1番)
質問：図書館内での飲食はどうですか。
　A　大丈夫だ。
　B　だめだ。
　C　不便だ。
　D　時間がかかる。

(2番)
質問：お父さんとお母さんの会話です。車でだれを送りますか。

A おばあさん。
B お母さん。
C お父さん。
D 良子。

2 テープの内容と合っているものに〇、違っているものに×をつけなさい。(テープは一回流します)(12点)

(1番)
A 便利で快適な生活は多くの貴重な業績を収める土台となっている。
B 生活が便利で快適すぎると、人は普段と違う生活を求めたくなる。
C 週末に冷暖房完備の家を出て野山へ行くのは体にいいからだ。
D 週末に野山に出かけるのは、薪割りしなければならないからだ。

(2番)
A 西洋化が進むとともに、日本の畳の部屋も少なくなってきた。
B 家を新築する場合、和室を作るという答えでは、20代と50代が違う。
C 畳は夏はいいが、冬はあまりよくない。
D 畳の色は人間の気持ちにも影響を与えるらしい。

問題四 テープを聞いて、会話の内容を日本語で叙述文でまとめなさい。(テープは二回流します)(20点)

単　語

甚だしい(はなはだしい)	非常
快適(かいてき)	舒适
土台(どだい)	基础
しちめんどうくさい	非常麻烦
つかまる	抓住

第 9 課

A

一、テープを聞いて、次の文を完成しなさい。外来語は片仮名で、その他は漢字で書き入れなさい。

　今年度の水資源＿＿＿＿＿は「気候変動が水資源に与える影響」を特集している。二年前にも同様のテーマを扱ったが、昨年、過去最多の台風が上陸したこともあって、再度この問題を取り上げた。IPCCのデータなどをもとに、2100年時点の気温や降水量を予測し、さらに利根川流域で河川の流出量やダム＿＿＿＿＿の変化を推計した。それによると、百年後の日本の夏の平均気温は今より2〜4度高くなる。最高気温が30度を超える「真夏日」の日数が＿＿＿＿＿し、年間百三十日近くになるという。
　真夏日が四ヶ月以上続くなど、考えるだけで、げんなりする。＿＿＿＿＿に依存する人が増え、都心では＿＿＿＿＿現象に拍車がかかるだろう。人間だけでなく、農作物や植生など、＿＿＿＿＿全体にも大きな影響が出るに違いない。
　降水量では、さらに恐ろしい予測が出ている。ほどほどに雨が降る日が減る一方、まったく降らない日と＿＿＿＿＿が増えるというのだ。とくに夏場に、＿＿＿＿＿の危険性が増大する。
　水利用の観点でいえば、雨の降り方はほどほどでないと、ダムや土中に水を蓄えることはできない。この先、常に洪水と＿＿＿＿＿の心配をしなければならないのだろうか。なんとか事態を＿＿＿＿＿する道を見つけたい。

★ 次の下線に適当な漢字を入れ、意味の通じる言葉にしなさい。

はくしょ	白書	白＿＿	白＿＿	白＿＿	白＿＿
ちょすいりょう	貯水量	貯＿＿	貯＿＿	貯＿＿	貯＿＿
せいたいけい	生態系	＿＿態	＿＿態	＿＿態	＿＿態
きょうう	強雨	強＿＿	強＿＿	強＿＿	強＿＿
ごうう	豪雨	豪＿＿	豪＿＿	豪＿＿	豪＿＿

二、テープを聞いて、抜けた言葉の意味を下線部に中国語で書き入れなさい。

1. 昔は＿＿＿＿＿の子供がいると、小学校に入る前になんとかそれを直そうと親は必死になったものである。
2. 地球上のすべての生物にとって、水はまさに「＿＿＿＿＿」となっています。
3. ＿＿＿＿＿＿も大切であるが、同時に自然の保護には十分な注意が必要である。
4. ゴミだと思われた品物の中に、＿＿＿＿＿＿がたくさんあります。
5. 害虫だからといって、やたらに殺し続けることは、＿＿＿＿＿＿＿＿＿＿＿＿＿＿ことにもなりかねません。
6. 日本語の能力試験1級は無理だろうと先生に言われたが、＿＿＿＿＿＿毎日勉強してパスした。
7. 環境破壊が結局は＿＿＿＿＿＿＿＿＿＿＿＿＿＿。
8. 彼女は例の百貨店の火災の折の現場にいて、＿＿＿＿＿を得たのだそうだ。
9. 「＿＿＿＿＿＿＿＿＿」と言うじゃないか。なんといっても自分の目で見て確かめることに越したことはないよ。
10. 苦労することなしに金儲けをしようなんて、＿＿＿＿＿＿

第9課

_____。

三、テープを聞いて、正しい答えを一つ選びなさい。

(1)
質問：男の人は健康食品をどう思っていますか。
　　A　体にいい。
　　B　たくさん取ったほうがいい。
　　C　よく考えたうえで取ったほうがいい。
　　D　体に悪い。

★　テープをもう一度聞いて、キーワートを探し出しなさい。

(2)
質問：男の人はなにをしていますか。
　　A　庭の掃除。
　　B　自宅の停車場の掃除。
　　C　車道の掃除。
　　D　洗車。

★　テープをもう一度聞いて、質問に答えなさい。

1. 男の人は何が困っていますか。

2. すぐとれるものはなんですか。

3. 男の人はなぜ危険だと思っていますか。

四、テープを聞いて、テープの内容と合っているものに〇、違っているものに×をつけなさい。

(1)
A　経済発展とともに、美しい自然が破壊されてしまった。
B　車からの排気ガスは海や川を汚染している。
C　健康かつ豊かな暮らしをするためには、農薬を使わない自然食品を取り戻すべきだ。
D　美しい自然を守り、豊かな生活をすることは、各国が各自取り組むべき問題だ。

★　テープをもう一度聞いて、次の文を完成しなさい。

1. 工場や家庭の汚水は＿＿＿＿＿＿＿＿＿＿、大きな社会問題を引き起こした。

2. しかし、どこまで許されるのか、＿＿＿＿＿＿＿＿＿＿はずだ。

3. ＿＿＿＿＿＿＿＿＿＿を取り戻そうという運動が盛んになりつつある。

(2)
A　人間の生活で直接目を疲れさせる一番の原因は、パソコンやテレビだ。
B　目の疲れに生活環境はあまり影響がない。
C　精神的なストレスにより、涙の量も減ってくる。
D　紫外線を受けると涙の量が少なくなってしまう。

第9課

★ テープをもう一度聞いて、次の文を完成しなさい。

1. 最近、＿＿＿＿＿＿＿＿＿＿＿＿方が大変多くなっています。

2. エアコンなどによる＿＿＿＿＿＿＿＿＿＿＿＿＿＿＿＿などがあげられます。

3. 涙は目の＿＿＿＿＿＿＿＿＿＿＿＿＿＿＿から守ったり、栄養を運んだりする役目があるわけですが。

五、テープを聞いて、次の質問に答えなさい。

質問：
1. 女の人は自分で何を作りましたか。

2. どうして水筒を使うんですか。

3. どんなものがダイオキシンの発生源になるんですか。

4. なにがもったいないと思っているんですか。

5. 年々増えているものはなんですか。

★ テープをもう一度聞いて、会話の内容を日本語で叙述文でまとめなさい。

＿＿＿＿＿＿＿＿＿＿＿＿＿＿＿＿＿＿＿＿＿＿＿＿＿＿＿＿
＿＿＿＿＿＿＿＿＿＿＿＿＿＿＿＿＿＿＿＿＿＿＿＿＿＿＿＿
＿＿＿＿＿＿＿＿＿＿＿＿＿＿＿＿＿＿＿＿＿＿＿＿＿＿＿＿

単 語

げんなり	扫兴
ほどほど	适当地
蓄える(たくわえる)	贮存
まさに	的确
ダイオキシン	二噁英

············ * ············ * ············ * ············ * ············

B

問題一　テープを聞いて、次の文を完成しなさい。外来語は片仮名で、その他は漢字で書き入れなさい。（テープは二回流します）(20点)

　　ある小学校の校庭のすぐ外に谷津干潟がある。いろいろな水鳥が飛んでくるし、水辺の_____が数多く生息している。この学校の5年生が干潟の学習をしている。環境保護のため、子どもたちは干潟の中に入れないので、先生が_____長ぐつをはいて入って水と土を_____してくる。それを子どもたちが検査薬や_____で調べる。「学習を通して干潟を大切にする気持ちが育てばいい」と、先生たちは言っているそうだ。
　　こうした自然体験の機会にめぐまれていない都会の子どもたちのために、「子ども長期自然体験村」というものが2年前に始まって、全国で広がっているそうだ。農家や_____などに2週間ほど泊まって自然体験や環境学習をする。たとえば_____の中を_____したり、山に入って林業や_____きをする。_____にのって網をひくこともあるし、段々畑で畑仕事をする場合もある。
　　学校でいじめや_____などが問題になっているこのごろ、子どもたちが夏休みを利用して自然を体験するのはいいことだ。こうした機会がもっともっと多くなってほしいと思う。

問題二　テープを聞いて、抜けた言葉の意味を下線部に中国語で書き入れなさい。（テープは二回流します）(20点)

1. 環境庁は「歩くことは健康によく、_____にもなります。車に乗らないライフスタイルを！」と呼びかけました。
2. 梅雨時は、じめじめして、_____。

3. 彼の＿＿＿＿＿＿＿＿＿＿の姿勢は男らしくて魅力的です。
4. 旅先でテレビを見ていると＿＿＿＿＿＿＿＿＿＿道路の復旧作業が行われているが、まだまったく見通しが立たないというニュースが伝えられた。
5. 大局も見る目を失って我欲に捉われると、＿＿＿＿＿＿＿の言動に走る。
6. 親指と人差し指で＿＿＿＿＿＿＿＿＿＿＿。
7. ＿＿＿＿＿＿＿＿＿＿地球に生き物が住めなくなってしまいます。
8. 機械に振りまわされる生活と、＿＿＿＿＿＿＿と思っている者が多いようだ。
9. 日本は地震の多い国ですから、建物を建てるときには、必ず＿＿＿＿＿＿＿＿＿＿。
10. 真っ白い雪の山を背景に、赤いクリスタルの樹氷が、＿＿＿＿＿＿＿＿＿＿＿＿＿＿＿＿。

問題三　テープを聞いて、質問に答えなさい。

1　正しい答えを一つ選びなさい。(テープは一回流します)(8点)

(1番)
質問：女の人はどんなことを心配していますか。
　A　梅雨に入ったかどうか。
　B　ゴルフができるかどうか。
　C　うっとうしい気分かどうか。
　D　良い天気になるかどうか。

(2番)
質問：二人はどんな話をしているでしょうか。
　A　洗剤を買うときの話。
　B　食料品を買うときの話。

C 子供のおもちゃを買うときの話。
D 野菜を買うときの話。

2 テープの内容と合っているものに○、違っているものに×をつけなさい。(テープは一回流します)(12点)

(1番)
A 環境問題を解決するためには、人々の生活様式の変革も必要だ。
B 環境教育はそんなに重要なものではない。
C 環境問題は知識として理解すれば十分だ。
D 環境教育の大きな目標は環境を大事にする人材を育てることだ。

(2番)
A この頃、犬や猫と共に生活できるマンションが出てきた。
B 今までもアパートではペットを飼うことが許されていた。
C 子供がいなくてさびしい人が、ペットを飼うのだ。
D ペットが人の心を癒やすから、ペットとの共生も認められたのだろう。

問題四 テープを聴いて、会話の内容を日本語で叙述文でまとめなさい。(テープは二回流します)(20点)

単 語

うっとうしい	郁闷
システム	体系
癒やす(いやす)	医治、解除
看板(かんばん)	广告牌

第 9 課

第 10 課

A

一、テープを聞いて、次の文を完成しなさい。外来語は片仮名で、その他は漢字で書き入れなさい。

「クールビズ」は、定義が_____だし、長年サラリーマンとしてネクタイ、_____、背広になじんできた者にとり、少々戸惑いを感じる言葉である。

そもそも、夏期に省エネ対策から室内温度を今までより高めにすることに伴い、涼しい服装で執務しようという意味であろう。室内温度が上がることにより逆に、仕事の環境が_____し、効率や能率が低下することもあろう。人口わずか400万人のシンガポールが、_____が立ち並び、高級車が街を走り回るほどの経済発展を遂げたのは、国民にクーラーと英語を_____したからだとも言われている。

暑い日本の夏は、外国人観光客だけでなく、国際的ビジネスの場所としても_____されてしまうのではないか。省エネ対策で室温を高めに_____するより、今国会に提出されている_____制度を早期に導入して省エネを図ってはどうか。（略）

もちろん、同制度導入に伴うコストも考慮する必要があり、コンピューターのハードやソフトの変更にともなう_____が生じる。しかし、使える明るい時間が延びる分、屋外活動も増加し、現在の_____も更に多様化し、楽しみも増えるのではないか。日が昇り明るくなった時間を使わず、フトンの中に居るのはもった

いない。

★ 次の下線に適当な漢字を入れ、意味の通じる言葉にしなさい。

ふめいかく	不明確	不___	不___	不___	不___
あっか	悪化	___化	___化	___化	___化
こうそう	高層	高___	高___	高___	高___
けいえん	敬遠	敬___	敬___	敬___	敬___
ふたん	負担	負___	負___	負___	負___

二、テープを聞いて、抜けた言葉の意味を下線部に中国語で書き入れなさい。

1. おいしい料理は数々ありますが、何といっても＿＿＿＿が一番です。
2. 課長は＿＿＿＿を自認し、「女房は俺の言うことを何でも聞く」と豪語しておられる。
3. かれの現代的な建築は背景の素晴らしい自然とあいまって、＿＿＿＿＿＿＿＿のある空間を生み出している。
4. 各家庭から出るゴミは、一人一人の＿＿＿＿＿＿＿＿＿＿で減らすことができます。
5. 叱ったら、また私の＿＿＿＿＿＿テレビゲームをしている。
6. 酒によっても、＿＿＿＿＿＿な言動は慎んでほしい。
7. みんな示し合わせたように＿＿＿＿＿＿が、意見はないのですか。
8. 国家の定める環境保護の＿＿＿＿＿＿ことを進出企業に徹底させている。
9. 生活、工業排水などが流れ込むことによって、＿＿＿＿＿＿＿＿＿＿。

第10課

10. 今度の疾病を通して、人々の、＿＿＿＿＿＿＿＿＿＿＿＿＿＿＿＿
＿＿＿＿＿＿＿。

三、テープを聴いて、正しい答えを一つ選びなさい。

(1)
質問：どうして押入れの戸が閉まらないのですか。
　　A　押入れの戸が壊れたから。
　　B　押入れの戸が古くなったから。
　　C　押入れに物がいっぱい詰まっているから。
　　D　要らないものを捨てたから。

★　テープをもう一度聞いて、キーワートを探し出しなさい。

_____

(2)
質問：渡辺さんはどうして会社をやめたいと思っているのですか。
　　A　あまり働かされたくないからです。
　　B　重要な仕事をさせてもらえないからです。
　　C　社長に叱られたからです。
　　D　もらえるお金が少ないからです。

★　テープをもう一度聞いて、質問に答えなさい。

1. 社長は渡辺さんのことを何と言いましたか。

2. 渡辺さんは前から夜何を勉強していましたか。

3. 渡辺さんはどんな仕事がいいと思っているのですか。

四、テープを聞いて、テープの内容と合っているものに〇、違っているものに×をつけなさい。

(1)
A　ゴミは、速く移動させられながら土になっていく。
B　ゴミは、かきまわされ、移動させられながら土になっていく。
C　工場で作った土を、農家の人が発酵させて肥料に変える。
D　農家の人がこのような工場を作ることを考えた。

★　テープをもう一度聞いて、次の文を完成しなさい。

1. 工場内には長さ100メートルの、＿＿＿＿が掘られています。

2. 溝の底では＿＿＿＿＿＿＿＿＿＿＿＿、ゴミは1日4メートルの速さで、ゆっくり移動していきます。

3. この土は養分が豊かで、野菜などを育てる＿＿＿＿＿＿＿農家の人に配られるそうです。

(2)
A　5歳から17歳までの児童生徒における虫歯の罹患率がぐんと下がってきた。
B　10年前、中学生で虫歯のある生徒は67.7％を占めていた。
C　虫歯減少の原因は子供の医療科学への意識が高まったからだ。
D　虫歯を減少させるために引き続き歯磨きの指導などが必要だ。

★ テープをもう一度聞いて、次の文を完成しなさい。

1. 虫歯の子どもが大幅に減少しているということが、今年度の＿＿＿＿＿＿＿でわかりました。

2. 虫歯がある子どもは、特に中学校で67.7％と10年前に比べ＿＿＿＿＿＿＿＿＿＿＿＿＿＿。

3. 子どもの＿＿＿＿＿＿＿ため、今後も指導していきたいとしています。

五、テープを聞いて、次の質問に答えなさい。

質問：
1. だれとだれが話していますか。

2. どんなところで話していますか。

3. 川に魚が帰ってくるのにどのぐらいかかりましたか。

4. 女の人の名前を「緑」にしたのはなぜですか。

5. 女の人が生まれたころの自然環境はどうでしたか。

★ テープをもう一度聞いて、会話の内容を日本語で叙述文でまとめなさい。

＿＿＿＿＿＿＿＿＿＿＿＿＿＿＿＿＿＿＿＿＿＿＿＿＿＿＿＿＿
＿＿＿＿＿＿＿＿＿＿＿＿＿＿＿＿＿＿＿＿＿＿＿＿＿＿＿＿＿

単 語

とまどい	困惑
遂げる(とげる)	完成
任す(まかす)	委托
ベルトコンベアー	传送带
ヒント	暗示

············ * ············ * ············ * ············ * ············

B

問題一　テープを聞いて、次の文を完成しなさい。外来語は片仮名で、その他は漢字で書き入れなさい。（テープは二回流します）(20点)

　　マンションに住んでいて、上の階から聞こえてくる音に悩まされる人が増えています。実際、マンションをめぐる_____の中で最も多いのが_____です。お互い様と思ってみたり、まあ、_____の付き合いもあることから、苦情が言いにくかったり、_____だけに我慢をして生活をしている方も少なくないと思います。気にならなければ気にならない。しかし、気になりだしたら、耐えられない。そうした上の階からの音の実態をまずはご覧いただきましょう。

　　埼玉市に住む大田さん夫婦です。6年前3DKの_____を3,600万円で購入しました。周りに緑が多い、静かな環境が気にいって、買いました。しかし、_____から上の階の音に悩まされています。

　　絶えず音を気にする生活を送っている大田さんは聞こえてきた音を_____に残しています。子供の走るような音、_____の音、物音で眠りを覚まされることも、少なくありません。上の階に住む人に苦情を言いましたが、普通に生活をしているだけだと言われました。大田さん夫婦は夜になるとマンションを出て行きます。音がしてもなんとか眠れるという二人の息子をマンションに残し、10分ほど離れたところに借りた部屋で寝ているのです。_____は五万五千円、マンションのローンにさらに_____が加わりました。

問題二　テープを聞いて、抜けた言葉の意味を下線部に中国語で書き入れなさい。(テープは一回流します)(20点)

1. かれは生まれながらに目が見えなかったが、世界でも_____のギター奏者となった。
2. 野菜や穀物などに含まれる_____は、大腸がんの予防に役立つと言われています。
3. 何だか最近太り気味なのよ。_____でも始めようと思っている。
4. 今の若い女性は清潔好きが多い。朝、出勤するとまず_____。
5. 長雨が終わったかと思ったら、_____猛暑が襲ってきた。
6. 今夜から明日にかけて_____ので、厳重に注意してください。
7. 対向車線からはずれて向かってきた車を_____のところでかわした。
8. あれは一見なんて事ない仕事のようですが、本当はとても_____。
9. もう10年も乗り続けているうちの車は、あちこち_____。
10. 活発な梅雨前線の影響で、中国地方から北陸、それに長野県などでは降り始めからの雨量が_____。

問題三　テープを聞いて、質問に答えなさい。

1　正しい答えを一つ選びなさい。(テープは一回流します)(8点)
(1番)
質問:男の人はどうしてハワイへ行くことにしましたか。

第10課

A　近くて暖かいから。
　　B　遠出できて、暖かいから。
　　C　定番だから。
　　D　人気があるから。

(2番)
質問：送りに行くのはだれですか。
　　A　男の人だけです。
　　B　女の人だけです。
　　C　男の人も女の人も行きます。
　　D　男の人も女の人も行きません。

2　テープの内容と合っているものに〇、違っているものに×をつけなさい。(テープは一回流します)(12点)
(1番)
　　A　コンビニでの立ち読みは歓迎されます。
　　B　コンビニでのお客の立ち読みは客集めに有利です。
　　C　コンビニで立ち読みした客は、他の商品の値段を計算します。
　　D　お客の書店での立ち読みは嫌われます。

(2番)
　　A　知り合いの女性が花屋に連れて行ってくれたので、楽しかった。
　　B　花屋には高さ35センチぐらいで、小さくて派手な花がいっぱい並んでいる。
　　C　私が彼女にあげた花束はとても色合いのいいものだった。
　　D　私が彼女にあげた花束は特別な意味のある花だった。

問題四　テープを聞いて、会話の内容を日本語で叙述文でまとめなさい。(テープは二回流します)(20点)

_____
_____
_____
_____

単　語

我慢(がまん)	忍耐
派手(はで)	鮮艶
色合い(いろあい)	色调
つめる	装入
水筒(すいとう)	水壶

第 11 課

A

一、テープを聞いて、次の文を完成しなさい。外来語は片仮名で、その他は漢字で書き入れなさい。

　　通信技術の進歩に伴って、マスコミは＿＿＿＿＿＿＿＿を遂げてきた。その中でもテレビは新聞に取って代わり、今やマスコミの王様である。そのテレビの＿＿＿＿＿＿と技術的発達は、私たちの日常生活に大きな＿＿＿＿＿＿を与えている。だれもがいながらにして世界のあちらこちらの出来事を同時に、あるいはほとんど間をおかずに目にし、耳にできる＿＿＿＿＿＿となっているのである。歴史の＿＿＿＿＿＿を飾るような＿＿＿＿＿＿＿＿を目の当たりにし、あたかも自分自身がその場所にいるかのように感じられるのだ。目の前に映し出される人々と一緒になって喜び、怒り、悲しみ、胸を熱くすることができるのはテレビの＿＿＿＿＿＿のおかげであろう。刻々と知らされるニュースだけでなく、音楽やスポーツや＿＿＿＿＿＿、見知らぬ土地の紹介などは私たちに多くの話題を与えてくれる。同じ番組を見て、同じように笑い、同じように驚いたり感動したりしたのだということが分かると、それまで互いに＿＿＿＿＿＿だった人同士が親しく話し始めることさえある。テレビを通して＿＿＿＿＿＿の体験を持ったということなのかもしれない。

★ 次の下線に適当な漢字を入れ、意味の通じる言葉にしなさい。

はってん	発展	発___	発___	発___	発___
じだい	時代	時___	時___	時___	時___
えいぞう	映像	映___	映___	映___	映___
ばんぐみ	番組	番___	番___	番___	番___
むかんしん	無関心	無___	無___	無___	無___

二、テープを聞いて、抜けた言葉の意味を下線部に中国語で書き入れなさい。

1. パートを雇う理由としては、「＿＿＿＿＿＿」が第一に挙げられています。
2. 将来期待される企業には、ソフト会社などの＿＿＿＿＿＿＿＿＿＿が上位に入りました。
3. そのような仕事はだれもが夢見る＿＿＿＿＿＿のチャンスです。
4. フロッピーディスクを＿＿＿＿＿＿＿＿＿＿。
5. ここ数年来、超小型テレビのほかに、場所をとらない＿＿＿＿＿＿＿も登場しています。
6. われわれの体のすべての機能は体内時計によって＿＿＿＿＿＿＿＿＿＿＿＿。
7. 研究が進むにしたがって、人間の脳の持つ＿＿＿＿＿＿＿＿＿＿＿＿が明らかになってきた。
8. 電信電話事業の自由化にともない、いろいろな機能を持つ電話機が＿＿＿＿＿＿＿＿＿＿。
9. ＿＿＿＿＿＿＿＿＿＿＿＿＿＿＿、当地の資源を十分に利用して特色のある製品を開発する。
10. テレビの画面を通じて、世界各国の出来事が＿＿＿＿＿＿＿

第11課

_____時代になった。

三、テープを聞いて、正しい答えを一つ選びなさい。

（1）
質問：今度の部長はどんな人ですか。
　　A　行動力のある人です。
　　B　落ち着きのない人です。
　　C　とても頼りになる人です。
　　D　はっきりしない人です。

★　テープをもう一度聞いて、キーワートを探し出しなさい。

_____

（2）
質問：だれとだれを採用しますか。
　　A　中村さんと鈴木さん。
　　B　中村さんと佐藤さん。
　　C　山下さんと鈴木さん。
　　D　山下さんと中村さん。

★　テープをもう一度聞いて、質問に答えなさい。

1. 立派な業績をもっている人はだれですか。

2. 仕事を辞めてから5年も経ってる人はだれですか。

3. 企業側が重んじるのは社員の即戦力ですか、将来性ですか。

四、テープを聞いて、テープの内容と合っているものに○、違っているものに×をつけなさい。

(1)
A 今の仕事は人と接する必要があまりないので、語学の勉強もいらないと思った。
B 今通っている学校は会社にも近いし、週に一回グループ学習もある。
C 学校でのレッスンは主に書くことと話すことなので、魅力的だと思う。
D 中国語でメールのやり取りをするのは、勉強にもなって、楽しい。

★ テープをもう一度聞いて、次の文を完成しなさい。

1. ＿＿＿＿＿＿＿＿＿＿＿＿を伝えようとする時に難しさを感じ、本格的に勉強しようと決めました。

2. ＿＿＿＿＿＿＿＿＿＿＿＿＿＿＿＿＿という点に魅力を感じたからです。

3. ＿＿＿＿＿＿＿＿＿＿を待っているのも楽しいですしね。

(2)
A 笑いには不思議な力があるということは昔から知られている。
B NK細胞はウイルスやガンの細胞を増やす。
C 実験の結果で分かるように70％の人のNK細胞が笑う前より増えた。

D　笑いが体にいいが、思い切り笑うのはあまりよくない。

★　テープをもう一度聞いて、次の文を完成しなさい。

1. _____などを見て笑ってもらう。

2. その割合は_____そうだ。

3. 笑うことによって_____が高まり、ガンにかかりにくくなることが確認されたのだ。

五、テープを聞いて、次の質問に答えなさい。

質問：
1. 女の人は何の会に出られなかったのですか。

2. 女の人は欠席の連絡をしましたか。

3. 女の人はどんな手段で男の人に伝えたのですか。

4. どうして男の人に伝わらなかったのですか。

5. 女の人は男の人に何を注意されましたか。

★　テープをもう一度聞いて、会話の内容を日本語で叙述文でまとめなさい。

_____
_____
_____

単語

雇う(やとう)	雇用
カリキュラム	课程
やりとり	交换
落語	单口相声
免疫力(めんえきりょく)	免疫力
打ち合わせる(うちあわせる)	商量

………＊………＊………＊………＊………

B

問題一　テープを聞いて、次の文を完成しなさい。外来語は片仮名で、その他は漢字で書き入れなさい。(テープは二回流します)(20点)

　企業は今しのぎを削って個人情報を＿＿＿＿し分析しています。高性能コンピューターに次々と＿＿＿＿される顧客データ。企業にとって個人情報は今や最も重要な＿＿＿＿になりつつあります。こうした中で企業内の顧客リストが持ち出されたり、又情報が次々と別の企業へと流される＿＿＿＿が起っています。
　あなたの氏名・住所・電話番号・生年月日は勿論のこと、年収・趣味・＿＿＿＿、更にはいつ何処で何を買い、どんなビデオを見て、そして何処に旅をしたかまで企業に知られている可能性があります。送られてくる何通もの＿＿＿＿、見知らぬ人からかかってくる＿＿＿＿の電話。自分が気づかないうちに企業は1人1人について様々なことを知ることができる時代となっています。今までは＿＿＿＿が集めたり流したりする個人情報を＿＿＿＿する法律はありませんでした。しかし、こうした状況の中で＿＿＿＿保護を強化すべきだという声が上がり、ついに法によって規制されるようになりました。

問題二　テープを聞いて、抜けた言葉の意味を下線部に中国語で書き入れなさい。(テープは一回流します)(20点)

1. 特にコスト管理、資金管理、品質管理などの＿＿＿＿に力を入れる。
2. サラリーマンは毎日毎日、時間を心配しながら、人がいっぱい乗っている電車に乗って、＿＿＿＿のなかで仕事をしなければならない。

3. このつまみで、ラジオの音量を_____ことができます。
4. 公演は_____の大成功であった。
5. 新しいソフトをインストールしたとたん、_____。
6. 近頃、コンピュータの機種が、次々に出てきて、どれにしたらいいか_____よ。
7. ウイルス退治ソフトを_____んですが。
8. 科学技術は、わたしたちの生活に、今後ますます_____ _____ことになろう。
9. この仕事に_____のは、家族が支えてくれたからにほかならない。
10. このプロジェクトが軌道に乗ったのは_____からにほかなりません。

問題三 テープを聞いて、質問に答えなさい。

1 正しい答えを一つ選びなさい。(テープは一回流します)(8点)

(1番)
質問：いすはどれぐらい用意したらいいですか。
　　A　10。
　　B　15。
　　C　20。
　　D　25。

(2番)
質問：田中さんはどんな人ですか。
　　A　おしゃべりな人です。
　　B　率直な人です。
　　C　傲慢な人です。
　　D　目立ちたがる人です。

第11課

2 テープの内容と合っているものに○、違っているものに×を
つけなさい。(テープは一回流します)(12点)

(1番)
　A　最近のメールは送ってからでも修正できる。
　B　メールの文章は相手によって書きかえたほうがいい。
　C　メールの内容は制限されていないから、気楽に考えたほうが
　　　いい。
　D　場合によっては、メールより手紙などを利用するほうが儀礼
　　　的でよい。

(2番)
　A　愛知万博は大阪万博と同じように経済の発展に目を向けた
　　　ものだ。
　B　愛知万博は地球環境の保護に目を向けたものだ。
　C　愛知万博の建物はほとんど和風建築だ。
　D　愛知万博の建物には木材が多く使われている。

問題四　テープを聞いて、会話の内容を日本語で叙述文でまとめ
　　　　なさい。(テープは二回流します)(20点)

_____
_____
_____
_____

単　語

リスト	名単
手軽(てがる)	简便
ふさわしい	相称
跨示する(こじする)	夸示、炫耀

ふんだん	大量
和やか(なごやか)	和谐
仕組み(しくみ)	结构
奉仕(ほうし)	服务

第 12 課

A

一、テープを聞いて、次の文を完成しなさい。外来語は片仮名で、その他は漢字で書き入れなさい。

　日本では、「不況」という言葉がきわめてあいまいに使われている。そのため、国民全員が不況だと思っているのに、政府は「不況ではない」ということが_____に起きる。
　一方、アメリカでは、不況の定義は、日本よりは_____である。四半期(三ヶ月)ごとに発表されるGDPが、二期続けて前期比_____になると、初めて「不況」といわれることが多い。いったい、不況とは、経済学的には、どういう意味なのだろうか。
　その答えを書く前に、日本とアメリカの「不況」のとらえ方のちがいについて説明しておきたい。_____のちがいは、戦後に_____した経済成長_____の差が原因になっている。日本では、焼け_____から、_____な勢いで経済_____をとげ、高度経済成長をなしとげた。つまり、日本のほうが経済が伸びる余地が大きかったわけで、経済ではこうした成長の余地を「潜在成長率」と呼ぶ。そこで、_____の経済成長率が、潜在成長率を上回った場合を「好況」と呼び、逆に下回った場合を「不況」と呼ぶ。

★ 次の下線に適当な漢字を入れ、意味の通じる言葉にしなさい。

めいかく	明確	明＿＿	明＿＿	明＿＿	明＿＿
たっせい	達成	達＿＿	達＿＿	達＿＿	達＿＿
もうれつ	猛烈	猛＿＿	猛＿＿	猛＿＿	猛＿＿
ふっこう	復興	復＿＿	復＿＿	復＿＿	復＿＿
げんじつ	現実	現＿＿	現＿＿	現＿＿	現＿＿

二、テープを聞いて、抜けた言葉の意味を下線部に中国語で書き入れなさい。

1. 専門家ならいざ知らず、＿＿＿＿＿＿＿ではこの機械を修理することはできない。
2. 怖いのは摩擦でなく、摩擦を解決する交流の＿＿＿＿＿＿＿＿＿＿＿＿＿＿ことです。
3. 科学技術は＿＿＿＿＿＿＿＿＿＿である。
4. MPカメラは軽くて持ち運びが便利なので、どこの家庭でも＿＿＿＿＿＿＿＿＿＿＿＿だ。
5. おや、＿＿＿＿＿＿＿＿＿＿＿＿＿。強制再起動しましょう。
6. ＿＿＿＿＿＿＿＿＿＿＿＿＿と田中さんと奥さんがにこにこしながら出迎えてくれた。
7. 桃姉ちゃんって、＿＿＿＿＿＿＿＿＿＿＿＿。わたしは到底及びません。
8. 佐藤教授は十年来、音声入力システムの＿＿＿＿＿＿＿＿＿＿＿＿＿＿＿＿＿。
9. これまで取り込んできた実験装置をしばし離れて、＿＿＿＿＿＿＿＿＿＿＿＿＿。
10. まさに＿＿＿＿＿＿＿＿＿＿＿＿＿＿＿＿＿＿＿＿＿＿＿＿＿＿時代に突入しました。

第 12 課

三、テープを聞いて、正しい答えを一つ選びなさい。

（1）
質問：男の人は今の仕事をどう思っていますか。
　　A　つまらないからやめるつもりです。
　　B　つまらないけれどやめるつもりはありません。
　　C　面白いからつづけるつもりです。
　　D　しかたがないからやめるつもりです。

★　テープをもう一度聞いて、キーワートを探し出しなさい。

___

（2）
質問：この物質の入った薬を飲むとどうなるのですか。
　　A　すぐ眠くなる。
　　B　朝なかなか目が覚めない。
　　C　楽しい夢を見る。
　　D　気持ちよく目が覚める。

★　テープをもう一度聞いて、質問に答えなさい。

1. 新聞で読んだことはなんですか。

2. 眠る時には、量が増え、起きる時には減るというものはなんですか。

3. それは睡眠薬とおなじ効き目ですか。

四、テープを聞いて、テープの内容と合っているものに〇、違っているものに×をつけなさい。

(1)
A このロボットは家庭用に開発された。
B このロボットは人間の言葉を聞いて身振り手振りで応答できる。
C このロボットは歩くスピードが遅いので、階段を降りることもできる。
D このロボットは人間と簡単な会話ができるから、大変人気がある。

★ テープをもう一度聞いて、次の文を完成しなさい。

1. 私が「こんにちは」と呼びかけると、＿＿＿＿＿＿＿＿＿＿＿くれます。

2. ＿＿＿＿＿＿＿＿＿＿＿＿＿＿＿であれば、転倒することもありません。

3. ＿＿＿＿＿＿＿＿＿＿の話し相手として人気が出そうですね。

(2)
A 有能な上司に限って人間性もいいから、尊敬されるのだ。
B 有能な上司は社内の事を部下と相談しなくても一人で解決できる。
C 人間的に尊敬できる上司は職場の人間関係作りがスムーズで、仕事もうまくいく。

第12課

D　筆者の考えでは能力よりも人柄の点で尊敬できる上司がいい。

★　テープをもう一度聞いて、次の文を完成しなさい。

1. 組織の中では＿＿＿＿＿＿が一緒に仕事を進めることが多い。

2. 人間関係が＿＿＿＿＿＿＿＿＿＿と、仕事がうまく運ばなくなる。

3. 私は、＿＿＿＿＿＿＿＿＿＿の点で尊敬できる上司がいいと考える。

五、テープを聞いて、次の質問に答えなさい。

質問：
1. お見舞いに行く前に何をしたほうがいいですか。

2. お見舞いに行く時、食べ物を持っていってもいいですか。

3. お見舞いに行く時、花をあげてもいいですか。

4. どうして鉢植はいけないのですか。

5. 病院内で携帯電話が使えますか。

★ テープをもう一度聞いて、会話の内容を日本語で叙述文でまとめなさい。

_____
_____
_____

単　語

きわめて	极为
上回る（うわまわる）	超过
平ら（たいら）	平坦
へり	边儿
チームワーク	协作
鉢植（はちうえ）	盆栽

………＊…………＊…………＊…………＊…………

B

問題一　テープを聞いて、次の文を完成しなさい。外来語は片仮名で、その他は漢字で書き入れなさい。(テープは二回流します)(20点)

　　戦後一貫して続いていた高度成長や＿＿＿＿、土地や株の右肩上がり、さらに終身雇用や＿＿＿＿といった、一種の＿＿＿＿にもなっていた日本のシステムが、時代の変化に＿＿＿＿しきれなくなったために、あちらこちらでほころびを見せるようになってきた。おまけに盤石とすら思えた＿＿＿＿システムさえおかしくなっているなかで、政治や行政のシステムだけが独り＿＿＿＿としていられるわけもない。＿＿＿＿だけを見ている分には、無責任におもしろいのが政治をめぐるさまざまな動きだろう。しかし、今回は選ぶ側のわれわれも、これまでとは全く異なる＿＿＿＿で政治を変える、つまり政治のリストラに取り組むべき時が来たのではないだろうか。
　　リストラとは＿＿＿＿のことである。これまではもっぱら企業の＿＿＿＿の意味として用いられてきたが、いまリストラを必要とするのは企業だけではない。この国のすべてがリストラを行わなければならない。

問題二　テープを聞いて、抜けた言葉の意味を下線部に中国語で書き入れなさい。(テープは一回流します)(20点)

1. 被写体に近づいて＿＿＿＿時は、手をちょっと動かしただけで、ピントがずれてしまう。
2. しかし何といっても＿＿＿＿は、通信方式がアナログからデジタルに切り替えられた点である。
3. チョコレートの箱の中に、インターネットの＿＿＿＿

が印刷されています。
4. この作業もほぼ完成にさしかかったが、＿＿＿＿＿＿、最後まで注意深くことにあたらなくてはならない。
5. 右折や左折の時は、曲がる30メートルほど前で＿＿＿＿＿＿、後ろの車に知らせましょう。
6. 日本製品は使いやすいし、なんとなく＿＿＿＿＿＿＿＿＿。
7. クレジットカードの買物は現金を必要としないだけに、ほしい物があると、つい手が出してしまい、＿＿＿＿＿＿＿＿＿。
8. この旅客機をめぐっては＿＿＿＿＿＿＿＿＿超大型機や燃費効率が高い新型機の開発計画を策定しました。
9. なお、宇宙空間によるドッキングの技術は、＿＿＿＿＿＿＿＿＿＿＿＿ためにも欠かせない技術とされている。
10. このパソコンは、＿＿＿＿＿＿＿＿＿＿＿、またその逆もできるようになっています。

問題三　テープを聞いて、質問に答えなさい。

1　正しい答えを一つ選びなさい。(テープは一回流します)(8点)
(1番)
質問：男の人はこの本についてどう思っていますか。
　A　読んだほうがいいと思っている。
　B　読まないほうがいいと思っている。
　C　内容が理解しにくいと思っている。
　D　読んだことがないから分からない。

(2番)
質問：女の人はいつ電話をしましたか。
　A　休みの前日の朝早く。
　B　休みの前日の夜遅く。
　C　休みの日の朝早く。

D 休みの日の夜早く。

2 テープの内容と合っているものに〇、違っているものに×をつけなさい。(テープは一回流します)(12点)

(1番)
A ダイエットに成功しても大切なお金や仕事などを失った人が多い。
B この講座はより早くダイエットに成功する方法を教えてくれるものだ。
C この講座の内容はダイエット失敗者に関心を持たれているものばかりだ。
D この講座の内容は多くの知識を含んでおり、しかも毎日メールで送られてくる。

(2番)
A 人の印象の9割以上は顔とスタイルで決まります。
B 姿勢がいいか悪いかで印象が大きく変わります。
C 体が健康かどうかは印象を決める重要な要素です。
D 最近の若い人は皆見た目がいいので印象もいいです。

問題四 テープを聴いて、会話の内容を日本語で叙述文でまとめなさい。(テープは二回流します)(20点)

単　語

ほころび	破绽
取り組む(とりくむ)	专心致志
めぐる	围绕
スタイル	姿态
もったいない	可惜

第 13 課

A

一、テープを聞いて、次の文を完成しなさい。外来語は片仮名で、その他は漢字で書き入れなさい。

　近頃、40代の男性を対象とした雑誌が相次いで_____されている。また、40代を中心に中年男性向けの_____の売り上げも伸びているという。このような現象の_____にはいったい何があるのか。
　その一つとして考えられるのが、40代新人類世代の_____だ。1960年～1968年生まれを新人類世代と考えれば、その先頭集団が、今年で45歳を迎える。新人類世代が40代の半分を占めることになる。（略）
　新人類世代は、ちょうど日本が_____景気の真っただ中に就職をした。（略）若くして_____な海外ブランド商品にも手が届く当時の環境は、彼らに社会での自信と_____する前向きな_____を植えつけた。また、彼らは、_____にもこだわりを持ち、ブランドにも関心が高い。そして、けっして人口が多いとは言えない彼らだが、強い世代_____から周りの世代に影響を与えてきた。

★　次の下線に適当な漢字を入れ、意味の通じる言葉にしなさい。

そうかん　　創刊　　創___　　創___　　創___　　創___

とうじょう	登場	登＿＿	登＿＿	登＿＿	登＿＿
しょうひ	消費	消＿＿	消＿＿	消＿＿	消＿＿
とくちょう	特徴	特＿＿	特＿＿	特＿＿	特＿＿
しせい	姿勢	＿＿勢	＿＿勢	＿＿勢	＿＿勢

二、テープを聞いて、抜けた言葉の意味を下線部に中国語で書き入れなさい。

1. ＿＿＿＿＿＿＿は成約額により算出し、今回は2％さしあげます。
2. レギュラーガソリンの＿＿＿＿＿＿＿は、湾岸戦争以来15年ぶりの高値が続いています。
3. 中国の経済、国際化は急速に進み、在中外国人の数も＿＿＿＿＿＿＿に増えている。
4. ＿＿＿＿＿＿＿を開拓するためには、お金を使って宣伝する必要があります。
5. 日中貿易は、去年輸出入あわせて132億ドルと＿＿＿＿＿＿＿＿＿＿＿＿＿。
6. 多くの企業は、60歳定年制を導入に向けて＿＿＿＿＿＿＿取り組み始めた。
7. 部下たちに囲まれると、つい＿＿＿＿＿＿＿の態度を取ってしまった。
8. そこで＿＿＿＿＿＿＿暇があったら、販売促進をしてきたほうがよいではありませんか。
9. 費用が＿＿＿＿＿＿＿そうなんです。まさか、人手があんなにかかるとは予想外でした。
10. ＿＿＿＿＿＿＿＿＿＿＿＿＿、損害賠償などの法的手段をとることになります。

三、テープを聞いて、正しい答えを一つ選びなさい。

(1)
質問：男の人は駅前のカメラ屋についてどう思っていますか。
　　A　ほかの店に比べて安すぎる。
　　B　安いけれど、品質の保障ができない。
　　C　アフター・サービスが悪い。
　　D　修理が下手だ。

★　テープをもう一度聞いて、キーワードを探し出しなさい。

---

(2)
質問：女の人はいつ納品できると約束しましたか。
　　A　あと二三日で。
　　B　今日中。
　　C　翌日。
　　D　来週。

★　テープをもう一度聞いて、質問に答えなさい。

1. 男の人は女の人と何について、交渉していますか。

2. 強い催促をしたのはだれですか。

3. こんど納品が遅れたら、どういうことになるのですか。

四、テープを聞いて、テープの内容と合っているものに〇、違っているものに×をつけなさい。

(1)
A 「公」の生活は「私」の生活と区別するべきだ。
B 職場での服装はいつもと同じほうが楽で良い仕事ができると私は思う。
C リラックスした服装で職場に行く人は職場で遊んでいる場合が多い。
D 気持ちの切り替えには、服装を変えたほうがいい。

★ テープをもう一度聞いて、次の文を完成しなさい。

1. 職場へ行くときは、やはり＿＿＿＿＿＿＿＿＿＿＿＿＿＿＿ほうがいいと思います。

2. このような人たちは、いつも同じ気分で＿＿＿＿＿＿＿＿＿＿＿＿＿＿＿のではないかと思います。

3. 私は、仕事をするときは、＿＿＿＿＿＿＿＿＿＿＿＿＿＿＿いい仕事ができないと考えています。

(2)
A 人間力とは仕事に必要な高い能力のことだ。
B 人は勉強のためにさまざまな能力を複合的に持ち合わせている。
C 人間はやってみようという「チャレンジ精神」がなければ、何もできない。
D 高い専門知識は、時に人間力の面でマイナスになる。

★ テープをもう一度聞いて、次の文を完成しなさい。

1. 企業向け_____立場から考えてみたいです。

2. やってみようと思う「好奇心」「_____」がなければ、何もできません。

3. 私たちはそれを_____「人間性」と呼んでいます。

五、テープを聞いて、次の質問に答えなさい。

質問：
1. 男の人はどんな仕事をしますか。

2. 給料はどういうふうにもらいますか。

3. その仕事は実績があがりやすいですか。

4. 男の人はこの仕事が好きですか。

5. 男の人はこの仕事をやるつもりですか。

★ テープをもう一度聞いて、会話の内容を日本語で叙述文でまとめなさい。

_____

_____

_____

単 語

植えつける（うえつける）	灌输
至急（しきゅう）	火速
きちんと	好好地
あらたまる	一本正经
ひきしまる	严肃
切り替える（きりかえる）	转换
備える（そなえる）	具备
セールスマン	推销员

············ * ············ * ············ * ············ * ············

B

問題一　テープを聞いて、次の文を完成しなさい。外来語は片仮名で、その他は漢字で書き入れなさい。(テープは二回流します)(20点)

　　インスタント食品の_____な流行ののち、しだいに、必要なときに_____して調理する冷凍食品が普及しはじめる。冷凍食品は、30年代に開発されたが、_____方式などで連続的に_____させることができ、大量生産ができるようになってから一般に普及した。たとえば、油で揚げるだけのコロッケとか、フライの半調理済食品や、_____で焼くだけのギョーザとか、蒸すだけの中華まんじゅうやシューマイなどのように、すでに_____ができていて調理にあまり時間をかけないでよい加工食品の類である。
　　さらには、冷蔵庫の普及につれて、冷蔵庫に入りやすい容器の開発が進んだ。丸型より_____に、また、冷蔵庫の中で積み上げやすい_____タイプの容器であることも商品が売れる_____になっていった。冷凍食品が大量に出回るようになったのは、70年代になってからであるが、冷蔵庫用容器の売り上げは一時期____30％を超す勢いであったという。

問題二　テープを聞いて、抜けた言葉の意味を下線部に中国語で書き入れなさい。(テープは一回流します)(20点)

1. _____を提出させていただきます。ご検討くださるようお願いいたします。
2. 仕事の相談でも、_____でも、上司というのは相談されると嬉しいものでしょう。
3. 通貨情勢の_____のは、なんといってもアメリカだ。

4. 日本の産業は、高度経済成長時代から低成長時代を迎え、＿＿＿＿＿＿＿にさしかかったといえる。
5. 政府の税制改革案には＿＿＿＿＿＿＿のからくりがある。
6. 彼女は＿＿＿＿＿＿のがとても上手です。
7. ＿＿＿＿＿＿＿、毛糸の原料は半分以上、オーストラリアから仕入れられました。
8. 外回りのセールスというのは、＿＿＿＿＿＿＿ことも多くあろうと思います。
9. ＿＿＿＿＿＿＿＿＿、重要なのはこの商品が売れるか売れないかということです。
10. 資金不足のため、工事は＿＿＿＿＿＿＿＿＿＿。

問題三　テープを聞いて、質問に答えなさい。

1　正しい答えを一つ選びなさい。(テープは一回流します)(8点)

(1番)
質問：今度の人はどんな人ですか。
　A　欲張りな人です。
　B　おしゃべりな人です。
　C　年上の人です。
　D　生意気な人です。

(2番)
質問：山田課長は今何をしていますか。
　A　会議中です。
　B　誰かと相談中です。
　C　誰かと連絡中です。
　D　わかりません。

第13課

2 テープの内容と合っているものに○、違っているものに×をつけなさい。(テープは一回流します)(12点)

(1番)
A 新幹線のおかげでサラリーマンの出張は日帰りでもできるようになった。
B 東京から大阪まで片道3時間半ぐらいで行くことができる。
C 「とんぼ返り」とは目的地に着いて、すぐ帰ってくることだ。
D 「とんぼ返り」の出張は一泊しなくていいので、とても楽なことだ。

(2番)
A 出世のため、上司にごますりをするサラリーマンが少なくないようだ。
B サラリーマンと違って、私は仕事も自由で、しかも友達と遊ぶ時間も多い。
C 日本では、仕事の能力より上司との相性で昇進が決まることが多い。
D 自由業は一般に、自宅で一人で働いている。

問題四 テープを聞いて、会話の内容を日本語で叙述文でまとめなさい。(テープは二回流します)(20点)

_____
_____
_____
_____

単 語

類(たぐい)   同类
出回る(でまわる)   上市

行きつ戻りつ(いきつもどりつ)	走来走去
きっちり	恰好
相性(あいしょう)	性格相合
書留(かきとめ)	挂号(信)

第 14 課

A

一、テープを聞いて、次の文を完成しなさい。外来語は片仮名で、その他は漢字で書き入れなさい。

「G7」(先進七ヵ国財務相・中央銀行総裁会議)という言葉が、ときおり新聞やテレビをにぎわす。この会議の声明などが、_____や債券、株式の_____き、各国の経済政策にまで影響を与えるためだ。

経済の_____きに影響力をもつ「G7」は、一九八六年五月の東京_____で、国際経済政策の効果的な協調を進めることを目的に_____された。

これだけ経済活動の国際化が進んでくると、おのおのの国だけの経済政策で_____するには_____がある。そこで、先進国が協調しながら、世界の経済を_____していこうという_____だった。

当初は、アメリカ、日本、西ドイツ、イギリス、フランスの五ヵ国が参加し、「G5」と呼ばれた。「G」は、単純にGroupの_____である。

翌八六年、カナダとイタリアが、五ヵ国だけで国際経済金融問題を決定することに不満を表し、この二ヵ国を加えて「G7」となった。現在は、ロシアも加えて「G8」となっている。

★ 次の下線に適当な漢字を入れ、意味の通じる言葉にしなさい。

せんこう	先___	先___	先___	先___	先___
せつりつ	___立	___立	___立	___立	___立
たいおう	対___	対___	対___	対___	対___
げんかい	___界	___界	___界	___界	___界
しゅし	___旨	___旨	___旨	___旨	___旨

二、テープを聞いて、抜けた言葉の意味を下線部に中国語で書き入れなさい。

1. 日本経済は_____を克服し、毎年平均2％弱で成長する。
2. この暑いのに、重いサンプルを持ち回っての_____は大変ですね。
3. かれは_____仕事をこなし、同僚たちともうまくやっています。
4. サラリーマンは_____から、無理しないほうがいいです。
5. 企業破産は市場経済における_____という法則の正常な現象である。
6. 競争原理の働く市場経済に移行したとはいっても、まだ_____という意識が薄いです。
7. いま、家の_____のはこの私なんです。
8. 大手銀行が融資を断ったことが_____となり、ついにA社は倒産した。
9. もし、A商事との_____ようだったら、一度会社に電話を入れてください。
10. 今年、会社の売り上げは_____、景気が

第14課

いいから年末のボーナスが期待できそうです。

三、テープを聞いて、正しい答えを一つ選びなさい。

(1)
質問：女の人はこの計画をどう思っていますか。
　　A　お金がかかるからやめたほうがいい。
　　B　お金がもうかるからやったほうがいい。
　　C　お金がかからないからやったほうがいい。
　　D　お金がかかってもやったほうがいい。

★　テープをもう一度聞いて、キーワートを探し出しなさい。

(2)
質問：男の人はなぜ販売企画を女の人に任せたのですか。
　　A　女の人に頼まれたから。
　　B　女の人が協力してくれるから。
　　C　女の人が責任をとるから。
　　D　女の人にはその能力があると思うから。

★　テープをもう一度聞いて、質問に答えなさい。

1. 男の人が女の人に任せた仕事はなんですか。

2. 男の人は女の人に何を約束しましたか。

3. 女の人はその仕事を受けましたか。

四、テープを聞いて、テープの内容と合っているものに〇、違っているものに×をつけなさい。

(1)
A 「インターンシップ」とは学生が卒業後しばらく複数の企業で働いてみることです。
B 「インターンシップ」が導入されたのは、企業が良い学生を出来るだけ早く採用したかったからです。
C 「インターンシップ」はどちらかというと学生に利益がある制度です。
D 「インターンシップ」は企業の安定した労働力確保にいい結果をもたらします。

★ テープをもう一度聞いて、次の文を完成しなさい。

1.「インターンシップ」というのは、学生がしばらくの間企業で働く体験をしてみる＿＿＿＿＿＿＿＿＿＿＿＿です。

2. また、仕事の内容について、かなり＿＿＿＿＿＿＿＿＿＿＿＿＿＿ことができます。

3. これは結果的に＿＿＿＿＿＿＿＿＿＿につながります。

(2)
A 社長より一般社員のほうが宴会に出る回数が多い。
B 日本のビジネスマンにはパーティー好きの人が多い。
C 宴会ではさまざまな人と出会うことができる。
D 宴会は名刺を交換する唯一の場所だから、このチャンスを見逃さないほうがいい。

第14課

★ テープをもう一度聞いて、次の文を完成しなさい。

1. 社長や重役などの＿＿＿＿＿＿＿＿＿＿なら、出席する回数は一層多くなるでしょう。

2. それは人間関係や仕事などの＿＿＿＿＿＿＿＿＿＿絶好のチャンスです。

3. いろいろな人を紹介してもらって、＿＿＿＿＿＿＿をしておいた方が良いでしょう。

五、テープを聞いて、次の質問に答えなさい。

質問：
1. 幼稚園にどんな先生が来ましたか。

2. この先生が来る前に親たちは何を心配しましたか。

3. 子供たちはこの先生が好きですか。

4. 子供たちは先生の性別にこだわりますか。

5. 大人だけの考えかもしれないこととはどんなことですか。

★ テープをもう一度聞いて、会話の内容を日本語で叙述文でまとめなさい。

_____

_____

_____

単　語

大役(たいやく)	重大使命
勤まる(つとまる)	胜任
尽くす(つくす)	尽力
インターンシップ	实习生(身份)
ケース	实例
見逃す(みのがす)	错过(机会)
ネットワーク	网络

············ * ············ * ············ * ············ * ············

B

問題一　テープを聞いて、次の文を完成しなさい。外来語は片仮名で、その他は漢字で書き入れなさい。(テープは二回流します)(20点)

　　食べるという_____から利便性を向上させた意味では、外食産業の発達も深い関係がある。
　　アメリカからやって来て広がったハンバーガーや_____の店、早朝から_____まで開いているファミリーレストランなどが1970年代に_____し、チェーン店をもつ外食産業の種類はその後も次々に増える一方、持ち帰って食べる「ほかほか弁当」のチェーンも_____した。まな板と_____のない家庭も出てきたという話が_____をにぎわすと同時に、夕食材料を作り方と一緒に_____する商売も少し前からサービス産業の1つとして成長してきた。
　　外食産業の発展には、急速な多店舗化を可能にするフランチャイズ・システムの_____、システムキッチンをはじめとした工場_____の整備などのシステム化が影響を与えた。

問題二　テープを聞いて、抜けた言葉の意味を下線部に中国語で書き入れなさい。(テープは二回流します)(20点)

1. 契約の規定により、私どもの_____を受け入れていただきたいと思います。
2. 申しわけないんですが、先日飲み屋で_____、まだ返してもらっていないんですけど…。
3. _____、赤字になってしまった。
4. あの会社は背後から_____疑いで証券取引委員会に警告されました。

5. _____は高いものほどよく売れました。
6. 経済の発展とともに、自動車産業は_____を遂げた。
7. 最近、外貨割当て額の不足のため、_____と思います。
8. 日本の会社の中で_____たり、会社の決定に反論するのはかなり勇気がいることです。
9. _____せいか、家庭での自分の役割を見直す人が増えているようだ。
10. ビジネスの世界では_____、はっきり希望や条件を提示して商談を進めるほうがいいでしょう。

問題三　テープを聞いて、質問に答えなさい。

1　正しい答えを一つ選びなさい。(テープは一回流します)(8点)
(1番)
質問：田中部長はどんな人ですか。
　A　厳しい人。
　B　若い人。
　C　頑固な人。
　D　親切な人。

(2番)
質問：女の人はどんな工場を見学したいと言っていますか。
　A　自動車工場。
　B　山田さんの工場。
　C　電気製品の工場。
　D　家具の工場。

2 テープの内容と合っているものに○、違っているものに×をつけなさい。(テープは一回流します)(12点)

(1番)
A お客のために商品情報をできるだけ多く伝える店員が好感を持たれる。
B 店としてのアフターサービスは人気がない。
C 商品販売と他のビジネスとでは商習慣が異なる。
D 店員個人とお客の信頼関係ができたら、お客も増えてくるはずだ。

(2番)
A 会社での朝礼はお互いに簡潔な挨拶を交わすぐらいが一番よい。
B 朝礼は朝の一番重要な仕事だ。
C 朝礼はチームワークを高めるのに役に立つ。
D 朝礼でのスピーチは、できるだけ一般社員にさせたほうがうまくいく。

問題四 テープを聞いて、会話の内容を日本語で叙述文でまとめなさい。(テープは二回流します)(20点)

_____
_____
_____
_____

 単 語

やみくもに	莽撞
アドバイス	劝告
アフターサービス	售后服务

あらゆる	所有
疎通(そつう)	沟通
ユニバーサル	环球影城

第 15 課

A

一、テープを聞いて、次の文を完成しなさい。外来語は片仮名で、その他は漢字で書き入れなさい。

　近年では、季節に＿＿＿＿なく世界からのいろんな野菜や魚・肉が食べられるようになりました。しかし、その土地のものでない食材は＿＿＿＿の間にストレスがかかって栄養が落ちてしまったり、旬のものでない食材は無理な＿＿＿＿や管理がされていたりするので、決してカラダにやさしい食材とは言えないですよね。もちろんすべての食事を「＿＿＿＿＿＿」にする必要なんてないんです。あくまでその言葉を知りつつ、＿＿＿＿ではなく「楽しむ」ことを＿＿＿＿していきたいものです。春だから、目にも美味しい「菜の花のパスタ」を食べてみるのもよし、時間のあるときには「筍を生から茹でて」＿＿＿＿＿を体験するのもよし。近郊の＿＿＿＿ならインターネットからでも取り寄せられますしね。そんな余裕があればこそ、＿＿＿＿から美しい自分になれるはず！季節を愛でる心…これがニッポン人であり、カラダにも環境にもやさしい、真の＿＿＿＿＿＿＿。そう思うのですが、あなたはいかがでしょうか。

★　次の下線に適当な漢字を入れ、意味の通じる言葉にしなさい。

かんけい　　　関＿＿＿　関＿＿＿　関＿＿＿　関＿＿＿　関＿＿＿

ゆ<u>そう</u>	___送	___送	___送	___送	___送
<u>ぎ</u>む	義___	義___	義___	義___	義___
<u>ゆうせん</u>	優___	優___	優___	優___	優___
<u>や</u>さい	野___	野___	野___	野___	野___

二、テープを聞いて、抜けた言葉の意味を下線部に中国語で書き入れなさい。

1. 「世界の発展の中心がアジアに向かいつつある中、各国が直面する_____」という思考的な問題が出席者に提起された。
2. 諸手続きはだいたい終わったんだよ。後は_____を待つというところだ。
3. 健康ブームで、_____が人気を集めています。
4. 日本では、1945年から_____によって、女性にも選挙と被選挙権が与えられた。
5. この_____は遠からず世界中の人々が知るところとなるだろう。
6. 新人賞獲得をきっかけにして、その若手小説家はめきめきと_____。
7. 新聞、雑誌も少子化対策につながる論文を公募するなど_____。
8. この道における彼の際立った才能は_____と言いたいほどだ。
9. たとえ何十万かの金が借りられたにしても、_____。
10. 国際連合の目的は、国際間の_____し、国家間の友好、協力関係を進めるのである。

三、テープを聞いて、正しい答えを一つ選びなさい。

(1)
質問：社員はこれから何をしますか。
　　A　九州へ出張に行く。
　　B　新幹線に乗る。
　　C　家へ帰る。
　　D　報告書を書く。

★　テープをもう一度聞いて、キーワートを探し出しなさい。

(2)
質問：なぜ違う商品が来たのでしょうか。
　　A　販売部が間違えた商品を送ったから。
　　B　カタログに間違いがあったから。
　　C　間違った番号を書いたから。
　　D　申込書の字がよく読めなかったから。

★　テープをもう一度聞いて、質問に答えなさい。

1. 注文したものは何ですか。

2. 正しい商品番号は何ですか。

3. 申し込書に書いた番号は何ですか。

四、テープを聞いて、テープの内容と合っているものに〇、違っているものに×をつけなさい。

(1)
A　7月から、「子育て資金」として、社員全員に60万円が支払われます。
B　「子育て資金」の制度は、今後10年から20年間は続けます。
C　「子育て資金」は、社員の生活を助けるとは必ずしも言えないようです。
D　「子育て資金」は、子供のない社員にとって、不公平だという不満の声があります。

★　テープをもう一度聞いて、次の文を完成しなさい。

1. 子供を育てるのに_____がかかる。

2. 現在、_____を月に2万円支給しています。

3. これで本当に_____ことになるかどうか、疑問が残ります。

(2)
A　日本人は旅行に行ったら、ほぼ必ず旅先でお土産を買う。
B　お土産を買わないと気がすまないのは日本人の習性だと言われている。
C　外国人は近所の人にはお土産をあげないようだ。
D　欧米では餞別という習慣はないようだ。

★ テープをもう一度聞いて、次の文を完成しなさい。

1. その中でも土産は現代でも＿＿＿＿＿＿でしょう。

2. 日本人は＿＿＿＿＿＿＿＿にも土産を買います。

3. 転居先で役立つような＿＿＿＿＿＿＿を贈ります。

五、テープを聞いて、次の質問に答えなさい。

質問：
1. どんな箱をよく見かけますか。

2. カードにはどんなものがありますか。

3. ボランティアの団体は主にどんな仕事をしていますか。

4. 使用済みのテレフォンカードが一枚いくらぐらいで売れるのですか。

5. 換金したお金をなにに使うのですか。

★ テープをもう一度聞いて、会話の内容を日本語で叙述文でまとめなさい。

_____
_____
_____
_____

単 語

茹でる(ゆでる)	煮
愛でる(めでる)	欣赏
カタログ	商品目录
手当(てあて)	津贴
餞別(せんべつ)	临别赠送的礼物(钱)
コレクター	收藏家

············ ＊ ············ ＊ ············ ＊ ············ ＊ ············

B

問題一　テープを聞いて、次の文を完成しなさい。外来語は片仮名で、その他は漢字で書き入れなさい。（テープは二回流します）(20点)

　　体を_____などで支えず、足を1枚の板に固定して、_____のように雪の上を滑り降りるスノーボードは、若者の間で人気が高まり、_____はうなぎのぼりに増えています。今年の冬は予想を上回る数の初心者がゲレンデに押し寄せました。スノーボードは転倒する回数が多く、特に初心者は_____ぶ以外止まる方法がないといわれています。人気の_____で、初心者が多い今年は転倒し頭を打って死亡する事故や衝突事故が多発し、関係者をあわてさせています。事故の_____はスキーの約20倍で、スキーヤーとの衝突事故の責任は、ほとんどの場合スノーボーダーにあると_____されています。各スキー場では、スキーとスノーボードの安全_____を開く動きも広がっています。しかし、休日の_____などは、各ゲレンデはスノーボーダーに_____され、スキーヤーは座り込んだボーダーをよけるのに汗をかいている有り様です。

問題二　テープを聞いて、抜けた言葉の意味を下線部に中国語で書き入れなさい。（テープは一回流します）(20点)

1. この市民グループは資金を集めるために、自分たちでデザインした_____を一枚1,000円で売る計画もしています。
2. 過去の経験を基に計画を作成するのは、もはや_____です。
3. _____とでも言いましょうか、大事故にもかかわらず、主人は幸いにして軽い怪我で済みました。

4. カラー画面の機種を投入することで、さらに＿＿＿＿＿＿＿＿＿＿＿＿と考えています。
5. いくら＿＿＿＿＿＿＿も、彼に言われたとおりにするしかありませんでした。
6. 甘やかしたせいか、息子の太郎は＿＿＿＿＿＿＿＿＿＿＿＿で困っています。
7. 十人もの小学生が銃殺されたというニュースを見て、一家は＿＿＿＿＿＿＿＿＿＿＿。
8. かれはいま文字通り＿＿＿＿＿＿です。
9. いま、企業が国境を越えて活動し、貿易統計がその一面しかとらえていないのは、＿＿＿＿＿＿＿＿＿＿＿＿＿＿。
10. その青年は身体の障害をものともせずに、＿＿＿＿＿＿＿＿＿＿。

問題三　テープを聞いて、質問に答えなさい。

1　正しい答えを一つ選びなさい。(テープは一回流します)(8点)
(1番)
質問：先生が学生の誘いを断った理由は何ですか。
　A　その日の夜、カラオケに行くから。
　B　その日の夜、先約があるから。
　C　その日の夜、食事会があるから。
　D　その日の夜、同窓会があるから。

(2番)
質問：女の人は絶対よと言いましたが、なんのことですか。
　A　元気を出すこと。
　B　女の人を待つこと。
　C　女の人がメールをすること。
　D　男の人にメールを送ってもらうこと。

第15課

2 テープの内容と合っているものに〇、違っているものに×をつけなさい。(テープは一回流します)(12点)

(1番)
A 街頭アンケートの調査では、全国各地から1,116人の回答を集めた。
B 内閣への支持、不支持に関する回答は、それぞれ43％と41％と判明した。
C 内閣を支持する理由の一つは、実力があるからである。
D アンケート結果から、政府に対する強い信頼が感じられる。

(2番)
A 日本では、少子化にともない、高齢者労働力の必要性が見直されている。
B 労働人口が減ってくると、社会保障制度も変わるかもしれない。
C 年金を節約するために、高齢者の労働が必要とされている。
D 少子化にともない、子供に対する教育方針も変わってくる。

問題四 テープを聞いて、会話の内容を日本語で叙述文でまとめなさい。(テープは二回流します)(20点)

_____
_____
_____

 単　語

スノーボード	船形雪橇
よける	躱避
あり様(ありさま)	情景
年金(ねんきん)	养老金

第 16 課

A

一、テープを聞いて、次の文を完成しなさい。外来語は片仮名で、その他は漢字で書き入れなさい。

　日本人は桜だといいます。桜はパッと咲いてパッと散る、咲くときも一緒、散るときも一緒。散り方が美しい。一輪一輪の花はこれといった特徴はなく、目立たないが、樹全体、林全体の花となると_____されるような華麗さと_____がある。つまり日本人は、_____が集団主義的で、_____を重んじ、集団からはみ出すことはしない。一人ひとりの個性はないが、集団では大きな力を発揮するというのです。
　時代が進み、世代が変わる中で、「桜」の日本人は変わりつつあります。たとえば会社というのは一つの集団ですが、古い世代はこの集団のために個人や家庭を犠牲にしてまで_____働いてきました。今の若い社員は_____に縛られるのを嫌います。前は年に1、2度はあった社員旅行は、最近ほとんどなくなりました。若い人が嫌がるからです。旅行は個人で、あるいは気のあった者同士で行くべきであり、個人の時間を_____されたくないという理由です。堂々と_____する人も増えました。これは決して悪いことではないと思いますが、やはり_____の中には何となく割り切れない人がいることも事実です。これは良い悪いというより_____でしょう。

★ 次の下線に適当な漢字を入れ、意味の通じる言葉にしなさい。

あっとう	圧___	圧___	圧___	圧___	圧___
はくりょく	___力	___力	___力	___力	___力
こうどう	行___	行___	行___	行___	行___
せいやく	制___	制___	制___	制___	制___
じこ	自___	自___	自___	自___	自___

二、テープを聞いて、抜けた言葉の意味を下線部に中国語で書き入れなさい。

1. 国連の調停努力によっても、その国の流血の_____に終止符を打つことはできなかった。
2. 楽しみにしていた_____が雨で中止になって、がっかりした。
3. _____にいじめられて泣きながら帰ってきました。
4. 予選ではあんなに強かったのに、どうして_____んでしょうか。
5. 今後も_____に沿った店舗作りを進めます。
6. ソニーは1年間に10日間の_____を取り入れているそうです。
7. 軍事力、政治力で_____の強さを見せていた。
8. _____を基礎に、世界各国との友好関係を発展させる。
9. 旅の恥はかき捨てとは言ったものの、やはり_____ _____。
10. 君はいつも上司の意見に合わせて、それに_____ _____が、今日はもっと本音で話し合おうじゃないか。

三、テープを聞いて、正しい答えを一つ選びなさい。

（1）
質問：旅行代理店に行けない人はどういうふうにしたら航空券を手に入れられますか。
　A　直接店へ行く。
　B　電話で頼む。
　C　ネットで予約する。
　D　人に依頼して買う。

★　テープをもう一度聞いて、キーワートを探し出しなさい。

（2）
質問：男の人はどうして今の仕事をやめようと考えているのですか。
　A　給料に不満があるから。
　B　課長と折り合いが合わないから。
　C　今の仕事がつらいから。
　D　ほかの部門の仕事をやってみたいから。

★　テープをもう一度聞いて、質問に答えなさい。

1. 男の人はいまどんな会社に勤めていますか。

2. 男の人は何がつらいと思っていますか。

3. 課長はどんな人ですか。

第16課

四、テープを聞いて、テープの内容と合っているものに〇、違っているものに×をつけなさい。

(1)
A 最近、人々は仕事が多くてレジャーに費やす時間が少なくなってきた。
B 人間は仕事がなければレジャーも意義なく楽しくないものだ。
C 人間は仕事に生きがいを感じなくてもレジャーさえあれば幸せに暮らせる。
D 仕事に生きがいを感じるのは、その社会的な価値を意識したときだ。

★ テープをもう一度聞いて、次の文を完成しなさい。

1. 最近は、＿＿＿＿＿＿＿＿＿＿＿＿＿＿時間もだいぶ増えてきました。

2. 人間にとって＿＿＿＿＿＿＿＿＿＿＿＿仕事は不可欠なものです。

3. やる気をなくして＿＿＿＿＿＿＿＿＿＿＿＿＿ほど不幸なことはありません。

(2)
A 一人暮らしの人はガンにかかりやすい。
B 一人暮らしの人は、大抵、加工調理済み食品を利用している。
C 外食より加工調理済み食品のほうが便利でおいしい。
D 冷凍保存でも、自宅で作った食事のほうがよい。

★　テープをもう一度聞いて、次の文を完成しなさい。

1. このような人は_____から体重増加および長期的な健康問題を生じやすいです。

2. 一人暮らしの人の多くはスーパーで売っている_____
_____を利用していますが。

3. 仕事から帰ったときに_____いつでもおいしい食事ができます。

五、テープを聞いて、次の質問に答えなさい。

質問：
1. ネクタイをしないと失礼になるのはどんなところですか。

2. 世界の首脳の会議では、みんなどんな格好をするのですか。

3. このごろ、なにがはやっていますか。

4. 男の人の会社は金曜日に普段着で出社できますか。

5. 男の人は自分の会社をどう思っているのですか。

★　テープをもう一度聞いて、会話の内容を日本語で叙述文でまとめなさい。

_____
_____
_____

第 16 課

単　語

はみ出す(はみだす)	露出
費やす(ついやす)	花费
レクリエーション	娱乐
志す(こころざす)	志向
金儲け(かねもうけ)	赚钱
乏しい(とぼしい)	缺乏

············ ＊ ············ ＊ ············ ＊ ············ ＊ ············

B

問題一　テープを聞いて、次の文を完成しなさい。外来語は片仮名で、その他は漢字で書き入れなさい。(テープは二回流します)(20点)

　　休日と平日では一日のリズムに大きな違いがあります。＿＿＿＿＿＿＿＿や食事の時間、頭を使う時間や外から受ける＿＿＿＿＿＿の種類、そういった違いがあるからこそ体や脳はリラックスし＿＿＿＿＿＿をとることが可能になります。しかし、休日明けでぼんやりした体や脳はすぐに＿＿＿＿＿＿を上げます。集中できない、疲れる、眠い…そんなリズムの狂った体や脳を一度＿＿＿＿＿＿＿＿してあげましょう。例えば休日明けのお昼休みに短い時間だけでも昼寝をする、そうすると午前中に受けたストレスや＿＿＿＿＿＿から、体や脳が一度＿＿＿＿＿＿されます。ですので、昼寝をすることでより効果的に＿＿＿＿＿＿＿＿＿＿できます。しかし、机に顔を伏せたり、机に足を上げたり、無理な＿＿＿＿＿＿で昼寝をすると、かえって疲れる事もありますので気をつけてください。＿＿＿＿＿＿の時間は30分以内。リラックスできる環境で横になるとより効果的です。

問題二　テープを聞いて、抜けた言葉の意味を下線部に中国語で書き入れなさい。(テープは一回流します)(20点)

1. ＿＿＿＿＿＿＿＿＿＿が解放されるまでは気が気でない。
2. この冬、＿＿＿＿＿＿がはやり、全国で、249人の老人がなくなりました。
3. 本日に限り、＿＿＿＿＿＿＿＿＿にコーヒーを無料でサービスいたします。
4. ＿＿＿＿＿＿をめぐる贈収賄事件が明るみに出た。
5. スキー場は強風に備えて、ほかの＿＿＿＿＿＿も用意すべきだと思います。

第16課

6. 平均1万円と高いイメージのあったブランド傘も、5千円と_____で出始めている。
7. 4月30日まで、新春企画として、格安ホームページ制作_____を実施している。
8. この画家の作風はまことに目に快いが、_____で、いつも見ているうちに飽きてしまう。
9. 山で熊に出会ったら、_____というのは、中国だけの話しではなかった。
10. A社の鋭い質問に対し、B社は_____程度の返答にとどまった。

問題三　テープを聞いて、質問に答えなさい。

1　正しい答えを一つ選びなさい。(テープは一回流します)(8点)

(1番)
質問：お母さんはどうしてすぐには子供の質問に答えなかったのですか。
A 答えたくなかったから。
B びっくりしたから。
C 良い説明方法を考えたかったから。
D どう答えてよいか迷ったから。

(2番)
質問：二人はどんな関係ですか。
A 先輩と後輩。　　　　　B 会社の同僚。
C 遊びの仲間。　　　　　D 取引先。

2　テープの内容と合っているものに〇、違っているものに×をつけなさい。(テープは一回流します)(12点)

(1番)
A 筆者の家は会社から80キロぐらい離れたところにある。

B 日本の交通事情の悪さは言葉で表現できないほどだ。
C 海に近くて景色のいい建物は古くても値段が安くならない。
D 筆者は運良く海の見える景色のいいところにある家を見つけた。

(2番)
A お辞儀も握手ももともと日本式の挨拶のひとつだ。
B 最近の日本人はお辞儀のかわりに握手をするような傾向がある。
C 握手は欧米で挨拶として使われ、親しみを伝えるには、ほかのやり方がある。
D 東洋と西洋とでは、握手に対する理解も同じではないところがある。

問題四　テープを聞いて、会話の内容を日本語で叙述文でまとめなさい。(テープは二回流します)(20点)

_____

_____

_____

_____

単　語

ぼんやり	模糊
かえて	反而
ロス	损失
高台(たかだい)	高岗
下見 (したみ)	预先查看
大げさ(おおげさ)	夸张

録音内容と参考答案

第1課

A

一、テープを聞いて、次の文を完成しなさい。外来語は片仮名で、その他は漢字で書き入れなさい。

　好きな曲を聴きたいとき、CD以外の方法で入手する人が増えてきている。日本レコード協会は、インターネットを通じて音楽ファイルを違法に公開した個人に対して警告文を送付したと発表している。その数は近く100万通に及ぶという。今や「レコード協会」という名称が不適切なくらい、音の流通経路は変化し、様々な方法で音楽を楽しめるようになっているので、業界も必死だ。(略)しかし、その流れに逆行して、私はこの1年でCDを買うようになった。

　一つは、単純に「音楽」について、考え、意識する機会が増えたことが原因。「昔はよく音楽を聴いていたのに、どうしてこの頃聞いていなかったのかな?」などと考えることで、購入意欲が沸いたのだろうと思う。この、「問い掛ける」という行為は、実は大変重要なマーケティングだと考えている。(略)

　もう一つの理由は、購入場所だ。私のように仕事をしていて、子供もいたりすると、あてもなくCDを見て歩く時間は残念ながらない。しかし、生活に新しい音楽を加えたいと思った時に、CDが置いてあれば手にとるようになる。限られた時間の中、セレクションがあまり多くなく、ある程度絞られた数の中から効率よく選びたい。それも、同じ場所で他の買い物と一緒に買えたら、とても嬉しい。そんなわけで、CDショップに出向いて買物するようになった。

★ 次の下線に適当な漢字を入れ、意味の通じる言葉にしなさい。

にゅうしゅ	入手	入社	入試	入札	入学
ぎょうかい	業界	業務	業績	業者	業態
けいこく	警告	警戒	警備	警察	警報
いしき	意識	意欲	意志	意見	意気
こうりつ	効率	効果	効力	効用	効能

二、テープを聞いて、抜けた言葉の意味を下線部に中国語で書き入れなさい。

1. 40歳にもなって、そんなことで怒るなんて、子供っぽいね。
   　　　　　　　　　　　　　　　　　　　　　　　　　　真像个小孩呀
2. 兄の邪魔にならないように、私はイヤホンをつけて音楽を聴いています。
   　　　　　　　　　　　　　　　　　　　　　　　　　　戴着耳机
3. 書物を通じて、さまざまな知識を得ることができます。　　通过书籍
4. 定年退職したら、郷里に帰って悠々自適の日々を過ごそうと思います。
   　　　　　　　　　　　　　　　　　　　　　　　　　　悠闲自得
5. 練習の甲斐があって、今度の体操の演技は文句なしの出来でした。
   　　　　　　　　　　　　　　　　　　　　　　　　　　无可挑剔
6. この作家のエッセーを一度読んでみてください。あなた向けだと私は思います。　　　　　　　　　　　　　　　　　　　　　　作家的随笔
7. 今の若い人たちは、古典劇のパターンや基礎知識を知らないから、話が通じないんですよ。　　　　　　　　　　　　　　　　古典剧的模式
8. 仕事で疲れて、家でごろごろしてテレビばかり見ている父親は、あまり存在感がないという子の文章がありました。　在家里无所事事,光是看电视
9. きょうは息子の入学祝いなんですから、好きなだけ飲んでください。
   　　　　　　　　　　　　　　　　　　　　　　　　　今天是庆祝儿子入学
10. 転勤であちこち動いたが、やっと東京に落ち着くことになりました。
    　　　　　　　　　　　　　　　　　　　　　　　　総算在东京安定下来了

録音内容と参考答案

三、テープを聞いて、正しい答えを一つ選びなさい。

(1)
男 四月に入って、いま丁度見ごろって感じだね。
女 そうね。もうすこしたつとだいぶ散ってしまうでしょうね。

質問：二人はなにを見ていますか。
　A　植木。
　B　紅葉。
　C　桜。　　○
　D　菊の花。

★　テープをもう一度聞いて、キーワートを探し出しなさい。
　<u>四月　　見ごろ　　散る</u>

(2)
男 すばらしいですね。こういうのを盆栽っていうんですか。
女 ええ。父が自分で作ったものをくれたんです。
男 とてもいい趣味ですね。盆栽にもいろいろ種類があるんですか。
女 ええ。幹のまっすぐ伸びたものとか、曲がったのとか、いろいろあるらしいですよ。
男 自分の思うように育てるのはたいへんでしょうね。
女 そうらしいですよ。よかったらひとつあげますよ。
男 そんな大事なものをいただいて、いいんですか。
女 いいですよ。父も喜ぶと思います。

質問：女の人は「父も喜ぶ」と言いましたが、どうしてそう思ったのですか。
　A　盆栽をもらったから。
　B　盆栽がすばらしいとほめられたから。　　○
　C　盆栽が自分の思うように育ったから。
　D　盆栽を興味のある人にあげるから。

★ テープをもう一度聞いて、質問に答えなさい。

1. 男の人は盆栽をそだてたことがありますか。
2. 男の人がもらった盆栽はだれが育てたのですか。
3. 盆栽を育てるのに手がかかりますか。

四、テープを聞いて、テープの内容と合っているものに〇、違っているものに×をつけなさい。

(1)
　学生時代は、毎日のように「音楽を聴くだけの特別の時間」がありました。好きなミュージシャンもいたので、熱心にコンサートに通い、曲はすべて覚え、たくさんのレコードを持っていました。音楽を聴くということは、小さな自分の生活の中で、その幅を広げてくれることでありました。音楽に「浸る」ということには、憧れの世界や夢の世界への近道となるような、そんな役割もあったかもしれません。しかし結婚し、出産し、子どもが家の中を駆け回る今、私の音楽への関わり方はずいぶん変わりました。（略）いつの間にか、昔のような真剣さで、特別な一曲や特別なミュージシャンの歌をヘッドフォンをし、没頭して聴く機会がないことに気付きました。

　A　学生時代は、勉強が忙しくて音楽を聴く時間はなかった。　×
　B　学生時代は、音楽が好きだったが、没頭するまでではなかった。　×
　C　音楽は人々を憧れの世界や夢の世界へ導くものだと言える。　〇
　D　今の私は昔のように熱心に音楽を聴く時間がない。　〇

★ テープをもう一度聞いて、次の文を完成しなさい。

1. 学生時代は、毎日のように「音楽を聴くだけの特別の時間」がありました。
2. 音楽に「浸る」ということには、憧れの世界や夢の世界への近道となるような、そんな役割もあったかもしれません。
3. 特別なミュージシャンの歌をヘッドフンをし、没頭して聴く機会がないこ

とに気付きました。

(2)
ではここで、お買い物ミニ情報。今日は雨の日に欠かせない傘についての情報です。梅雨入りももうすぐですが、雨傘は今、どんどん改良が進んでいます。従来の折りたたみ傘は、重さが200グラムだったんですが、昨年は、更に軽量化が進み、文庫本1冊ぐらいの重さの製品も作られるようになりました。これは、従来のものと比べると割高であるにもかかわらず、よく売れているということです。

今年は、折たたんだ時の大きさ長さが携帯電話並みのサイズのものも現れています。便利なポケットサイズで、業界は大ヒットを見込んでいたものの、売り上げは意外にも伸びていません。

A 梅雨に入ったので、雨傘に関する情報がどんどん入ってきている。　×
B 改良された折り畳み傘はコンパクトで軽くなった。　〇
C 携帯電話と同じぐらいの大きさの折りたたみ傘も発売されている。　〇
D ポケットサイズの便利な携帯電話は大ヒットでよく売れている。　×

★ テープをもう一度聞いて、次の文を完成しなさい。

1. 従来の折りたたみ傘は、<u>重さが200グラム</u>だったんですが。
2. 昨年は、<u>更に軽量化が進み</u>、文庫本1冊ぐらいの重さの製品も作られるようになりました。
3. 売り上げは<u>意外にも伸びていません</u>。

五、テープを聞いて、次の質問に答えなさい。

女　あっ、またドラムの練習はじめた。
男　藤本さんとこだろう。
女　そう、あそこの息子。こんな時間にあんなおおきい音を立てるなんて。まったく非常識だわ。
男　まあ、そうおこるなよ。いいじゃないか。若いんだから。

女　よくないわよ。住宅地で夜楽器を鳴らしたら、近所に迷惑だってくらいのこと、大学生なら分かるはずでしょう。
男　気にしすぎだよ。
女　いいえ。見たくないものは、目をとじれば見ないですむけど、耳は閉じるわけにはいかないもの。
男　じゃ、耳せんすれば。
女　あっ、この間、何かで読んだんだけど、町がどれぐらい静かかっていうのが、そこの文化の程度をあらわすバロメーターなんですって。
男　えっ、じゃ、ぼくの考えは文化的じゃないってこと?
女　ちがう?

質問:
1. 隣の人はなにを練習していますか。
2. その人は学生ですか、会社員ですか。
3. こんな時間というのはどんな時間ですか。
4. 「全く非常識だ」といったのはなぜですか。
5. 町がどれぐらい静かかというのはなにをあらわすバロメーターですか。

★　テープをもう一度聞いて、会話の内容を日本語で叙述文でまとめなさい。

まとめの参考文
　女の人は近所の若者が夜遅い時間に楽器を鳴らすのにすごく不満をもち、ぶつぶつ文句を言っている。彼女はそういう他人の気持ちに気くばりをしていない人は文化の程度も高くないと言っている。

………… * ………… * ………… * ………… * …………

B

問題一　テープを聞いて、次の文を完成しなさい。外来語は片仮名で、その他は漢字で書き入れなさい。(テープは二回流します)(20点)

　カラオケが精神的なストレスを解消し、病気治療に役立つということか

ら、高齢者や脳疾患患者の治療に取り入れている病院もある。その病院では、週に2回、看護婦の司会のもとで患者がカラオケで熱唱するとのことだ。マイクを持って歌った後の患者の脳波をコンピュータで分析すると、アルファー波が増えることが実証されている。患者同士の交流にもつながるということで、今後カラオケを備える病院が増えてくるかもしれない。

しかし、カラオケが現代社会における寄り合いやお祭り的なコミュニケーションに代わる役割を果たしているとまではいえないだろう。カラオケには、かつてのお祭りのような共同行為感覚や全身体的な開放感はないからである。カラオケの歌に酔っているのは歌っている当人だけだし、その歌も全身体的なものではなく、あくまで音響装置による増幅と美化を経たものでしかない。

問題二　テープを聞いて、抜けた言葉の意味を下線部に中国語で書き入れなさい。（テープは二回流します）(20点)

1. この映画は大変な人気を呼んでいるそうだ。　　　　　　很受欢迎
2. 「端午の節句」は昔は男の子の成長を祝うお祭りだった。　庆贺成长
3. この手袋はウール100％で、アクリルなどは含まれていません。
　　　　　　　　　　　　　　　　　　　　　　　　　　　这副手套
4. なんとなく昔からの規則正しい生活様式が変わっていくような気がする。　　　　　　　　　　　　　　　　　　　　有规律的生活方式
5. 休日に、テレビを見てゴロゴロしたりパチンコをしたりして暇をつぶす人が多い。　　　　　　　　　　　　　　　　　　　消磨时间
6. 関係者の期待を裏切って、その曲はほとんど売れなかった。　希望落空
7. 若者たちが日本の温泉に魅力を感じるのは、いったい何のせいなのだろうか。　　　　　　　　　　　　　　　　　　　　　感到有魅力
8. 「オール100円」という看板を下げた店の中に入ってみて驚いた。床から天井まで品物が山積みになっているのだ。　　　　全场100円
9. メニューを前に、肉料理にするか、魚料理にするかで、一分近くも考えこむとは、われながら優柔不断な性格である。　　　　优柔寡断
10. コンビニは深夜放送とともに、都市の24時間化に拍車をかけている。
　　　　　　　　　　　　　　　　　　　　　　　　　　　　　　加速

問題三　テープを聞いて、質問に答えなさい。

1　正しい答えを一つ選びなさい。(テープは一回流します)(8点)

(1番)
男　悪いんだけど、今夜のコンサート、行けそうもないんだ。
女　そんな…。ねえ、仕事、誰かにかわってもらえないの。

質問：女の人はどうしたいと思っていますか。
　A　だれかほかの人と行くことにしたい。
　B　行かないことにしたい。
　C　一人で行くことにしたい。
　D　男の人と一緒に行きたい。　　○

(2番)
女　何かおもしろい番組ある?
男　そうだなあ。「土曜スペシャル」って番組があるんだけど。
女　「土曜スペシャル」って?
男　安くてうまいレストランの紹介だって。
女　ほかに何かない?
男　「動物おもしろランド」っていうのもあるよ。
女　おもしろくなさそうね。
男　じゃ、野球の試合を見ることにしようぜ。
女　ねえ、映画はないの?
男　「アポロ13号」ってのがあるよ。
女　どうして先にそれを言ってくれないの。早くテレビをつけて。
男　うん。

質問：二人はどんなテレビ番組を見ることにしましたか。
　A　「土曜スペシャル」。
　B　野球の試合。
　C　「動物おもしろランド」。

録音内容と参考答案

D 映画。　　○

2 テープの内容と合っているものに○、違っているものに×をつけなさい。(テープは一回流します)(12点)

(1番)
　生活に満足せず、気がめいりがち——。アサヒビールお客様生活文化研究所が、日本を含む6カ国の男女に幸せ意識について調査したところ、日本人は生活満足度が他国に比べて低いことが分かりました。
　昨年 11～12月、日本・中国・アメリカ・イギリス・イタリア・スウェーデンでインターネットによる調査を実施し、20～59歳の2,355人から回答を得ました。
　幸せの程度を尋ねると、日本を含め、どの国でも「非常に」「かなり」「まあ」と答えた人が7割を超えました。ところが、生活に「満足している」と回答した人の割合は日本が最も低く、8％でした。米国は38％、スウェーデンは37％と4割近くが満足しており、他国の中で最も満足度の低いイタリアでさえ17％。一方、気がめいることが「非常によくある」「よくある」を合わせると、日本が28％で最も多かったです。

A 生活に満足している日本人の割合は被調査国の中で一番低い。　　○
B 日本以外の国では7割以上の人が「幸せだ」と答えている。　　×
C アメリカやスウェーデンでは4割近くの人が生活に満足している。　　○
D 満足度についての調査では、イタリアは日本よりやや上で、17％である。　　○

(2番)
　SF映画などで見たことがあると思うが、自動車の自動運転の研究が現在進められている。この技術を使えば、高速道路では入口から出口まで運転手が何もしなくても走ってくれる。周りの車との距離をセンサーで測って衝突しないようになっている。出口に近づいたら運転手に知らせてくれるから心配もいらない。もちろん走っている間にトイレに行きたくなったら、一番近くの休憩所に入ってくれる。
　例えば、夜に九州を出発して、一晩中高速道路を走り続けて東京まで行く

時にも、みんなぐっすり寝ていれば疲れることはないだろう。しかし、あなたはそんな車でぐっすり寝ることができるだろうか。いくら安全だと言われても私にはそんな勇気はない。

A 車の自動運転の技術はすでに開発されている。　　　　×
B 他の車とはセンサーで距離を測っている。　　　　　○
C 自動運転中の車内の人がトイレに行きたければ、車が適切なところに止まってくれる。　　　　　　　　　　　　　　　　　　×
D 遠いところまで行く時、車内の人は寝ていても大丈夫だ。　○

問題四 テープを聞いて、会話の内容を日本語で叙述文でまとめなさい。
（テープは二回流します）（20点）

男　早く早く！急がないと、映画が始まっちゃうよ。
女　どっちの電車に乗るの？
男　早く、こっちに乗ろう。
女　ねえねえ、この電車、ほんとに渋谷へ行くの？
男　たしか、そうだと思うけど…。
女　あっ、違うわよ。わたしたち、まちがったみたい。ちがう方向よ。
男　ほんとだ。しまった！次の駅に着いたら、すぐ降りよう。
女　あ〜あ、映画が始まっちゃう。
男　しかたがないなあ。タクシーで行くか。
女　すぐにタクシーに乗れるかしら。今ごろの時間、道路が込んでるかもしれないし…、ほんとにあなたったらあわてものなんだから。

まとめの参考文
　二人は映画を見に行くところだ。しかし、あまりにも急いだため、電車に乗り間違えてしまった。しかたなく、タクシーで行こうかと相談している。残念なことに、今からタクシーで行っても、間に合わないから、女の人は文句を言った。

第2課

A

一、テープを聞いて、次の文を完成しなさい。外来語は片仮名で、その他は漢字で書き入れなさい。

　東洋と西洋では、いろいろな考え方が今でも異なるが、音楽の聴き方で言えば、その最大の違いは、西洋では音楽を聴く場所が伝統的に建物の中であり、日本では外が多かったということではないか。石造りの教会の中や宮殿の広間、そしてコンサート・ホールへと発展していったヨーロッパの音楽は、常に四方を壁で囲まれた、いわば箱の中で、その共鳴を伴って響いていた。ところが、日本では、山を借景にした庭園に舞台を造ったり、家の中で演奏する場合にも、廊下の扉はすべて開けはなされ、音楽は周囲の空気の中に散っていった。つまり、西洋では、自然の音をシャットアウトした場所を音楽のために造ったのに対し、日本では、わざわざ音楽をするために自然の中に出て行ったり、自然の音が入って来るように座敷と庭の境界をとり除いたりしていたのだ。

　風鈴の音、川のせせらぎの音、風の音、鳥の声、落ち葉の上を歩く音など、西洋では音楽を聴くために邪魔もの扱いにされ、閉め出されていた自然音や生活音を、日本の伝統音楽は自ら求め、共存しながら生まれ、発展してきたと言えよう。

★　次の下線に適当な漢字を入れ、意味の通じる言葉にしなさい。

ていえん	庭園	遊園	公園	楽園	学園
しゅうい	周囲	周辺	周知	周到	周密
ざしき	座敷	座席	座右	座禅	座礁
ふうりん	風鈴	風雨	風習	風俗	風流
きょうぞん	共存	共栄	共通	共用	共鳴

二、テープを聞いて、抜けた言葉の意味を下線部に中国語で書き入れなさい。

1. わたしは何事も一度始めたら、中途半端でやめられない性分なんです。
   　　　　　　　　　　　　　　　　　　　　　　　　　半途而废
2. どの列車もお土産を手にした帰省客を詰め込み出発した。回乡探亲的人
3. 学問及びサークル活動に情熱を燃やす大学生たちはそれぞれの生き方で青春を楽しんでいる。　　　　　　　　　　　　　热情洋溢
4. 彼は昨日飲みすぎたから心配していたけれども、案の定、今日は会社を休んだ。　　　　　　　　　　　　　　　　　　果然，不出所料
5. みんなの予想に反して、全く無名の選手が優勝した。　出乎预料
6. アジアで初めてのワールドカップは世界中の注目を浴びた。　受到注目
7. アフターファイブは楽しく飲んで楽しく歌い、休日は買い物やスポーツを思い切り楽しんでいます。　　　　　　　　　　　下班后
8. この数日は進学のことで頭がいっぱいで、旅行なんかぜんぜん考える暇がありません。　　　　　　　　　　满脑子都是升学的事
9. 祝日になるたびに、とても耐えられないほどの寂しさを感じます。
   　　　　　　　　　　　　　　　　　　　　　　难以忍受的寂寞
10. みんなとテーブルを囲んでコーヒーを飲みながら世間話をしたいと思います。　　　　　　　　　　　　围着桌子边喝咖啡边闲聊

三、テープを聞いて、正しい答えを一つ選びなさい。

(1)
女　こんな大変なときに、よく平然としていられるわね。
男　平然としているわけじゃないよ。あわてるとかえってよくないから、落ち着こうと努力しているんじゃないか。

質問：男の人はどんなふうに見えましたか。
　A　慌てているように見える。
　B　怒っているように見える。
　C　落ち着いているように見える。　○

録音内容と参考答案

D 喜んでいるように見える。

★ テープをもう一度聞いて、キーワートを探し出しなさい。
　　落ち着く　　努力する

(2)
男　日曜日、マリアさんたちとドライブに行こうと思うんだけど、楊さんはどう。
女　ええ、いいわよ。どこへ行くの?
男　六甲山の方に行く予定なんだ。
女　じゃ、何時ごろ出るの。
男　朝、七時に駅の前に集まって、なるべく早く出ようと思っているんだ。道が込むから。
女　七時はちょっと…。日曜日は一番早いバスが6時50分なの。駅まで20分かかるから。
男　あ、そうか。楊さんの家は駅までバスだったね。じゃあ、駅に行く途中で拾ってあげるよ。通り道だから、みんなを待たせないように、ちょっと早めに、そうだねえ…、バス停のところで…

質問：二人はどこで、何時に待ち合わせることにしたんですか。
　A　7時に駅の前で。
　B　6時50分ごろ駅の前で。
　C　6時50分ごろにバス停のところで。
　D　6時30分ごろにバス停のところで。　　○

★ テープをもう一度聞いて、質問に答えなさい。

1. ドライブにどこへ行く予定ですか。
2. 日曜日の始発バスは何時ですか。
3. みんなはどこに集まることになっていますか。

四、テープを聞いて、テープの内容と合っているものに〇、違っているものに×をつけなさい。

(1)
　生涯学習という考え方は、随分一般に浸透してきました。自分を高め続けるということが、日本人が元来好きなせいもあるでしょう。多くの人が仕事帰りや週末に、様々な学習をしています。英語、経理、MBAなどから、文化的な習い事や趣味を広げる講座に通う人など。スポーツや趣味の世界を広げる人も多く、ヨガ、エアロビクス、料理、陶芸、ピアノ、習字など様々な習い事があります。それらの動機を尋ねると「転職をする時に役立つように」とか「将来独立をする時のために」といった実利的な理由から、「健康の維持に」「ストレス解消に」などといったさまざまな答えが返ってきます。転職を考えている人の中には資格などの肩書きを集める人も出てきています。

　A　生涯学習という考え方は日本人によく受け入れられている。　　〇
　B　日本人の多くは様々な仕事を持っている。　　　　　　　　　　×
　C　日本人の多くは仕事に関係のあるものだけに興味を持っている。×
　D　転職のために余暇を利用して勉強している人も多いようだ。　　〇

★　テープをもう一度聞いて、次の文を完成しなさい。

1. 多くの人が<u>仕事帰りや週末に</u>、様々な学習をしています。
2. 英語、経理、MBAなどから、<u>文化的な習い事や趣味を広げる</u>講座に通っています。
3. 転職を考えている人の中には<u>資格などの肩書きを集める</u>人も出てきます。

(2)
　ある会社が駅のすぐ近くに3階建ての駐車場を造ったのですが、あまり利用する人がいなかったそうです。なぜ駅の近くの駐車場なのに人気がなかったのでしょうか。実は、この駐車場にはエレベーターがなかったので、3階に止めたら階段で下りたり上ったりしなければならなかったのです。これがけ

っこうつらかったようです。それで、1階はいつもいっぱいで、2階もまあまあ利用があったのですが、3階はほとんど利用されませんでした。困った経営者は何かいい方法ないか考えて、1つのアイディアを思いつきました。上に行けば行くほど料金を安くすることにしたのです。さっそく2階は1時間200円にして、一階より100円安くなりました。3階はそれよりさらに50円安くしました。

　この方法は大成功でした。今では上のほうほど早くいっぱいになって、1階から3階までいつも「満車」の表示が出ています。少しでも安くなるならエレベーターなんてなくてもいいと考える人が多いのでしょう。

A　駅のすぐ近くにある3階建ての駐車場はエレベーターがあって便利だ。　　　　　　　　　　　　　　　　　　　　　　　　　　　　×
B　駅のすぐ近くにある駐車場の1階と2階はいつも満車の状態だった。×
C　駅のすぐ近くにある駐車場は最初1階から3階までの料金は同じだった。　　　　　　　　　　　　　　　　　　　　　　　　　　　○
D　駅のすぐ近くにある駐車場は今3階が150円で、一番安くなっている。　　　　　　　　　　　　　　　　　　　　　　　　　　　　○

★　テープをもう一度聞いて、次の文を完成しなさい。

1. 3階に止めたら<u>階段で降りたり上がったり</u>しなければならないのです。
2. 困った経営者は何かいい方法はないか考えて、<u>1つのアイディアを思いつきました</u>。
3. 1階から3階までいつも<u>「満車」</u>の表示が出ています。

五、テープを聞いて、次の質問に答えなさい。

女　田中さんは歌舞伎をよく見ますか。
男　たまにしか見ません。マリさんは見たことがありますか。
女　ええ、きのう初めてみました。
男　どうでしたか。
女　着物を着た女性がとてもきれいでした。

男　それは男性ですよ。
女　え？
男　歌舞伎の役者は全部男性です。
女　ほんとうですか。どうして男性が女性の役をやるんでしょう。
男　さあ、よくわかりませんが、江戸時代から続いているそうですよ。
女　それはおもしろいですね。また行きたいと思います。

質問：
1. 男の人は歌舞伎のことをよく知っていますか。
2. 女の人は歌舞伎のことをよく知っていますか。
3. 女の人が歌舞伎を見て、一番印象に残ったことはなんですか。
4. 歌舞伎はいつから続いてきましたか。
5. 女の人は何がおもしろいと思っているのですか。

★　テープをもう一度聞いて、会話の内容を日本語で叙述文でまとめなさい。

まとめの参考文
　昨日マリさんは初めて歌舞伎を見た。歌舞伎の役者は全部男性だそうだ。それは、江戸時代から続いてきたもので、外国人にとっては、男性が女性の役をすることが面白いことだと思われるのだろう。マリさんも歌舞伎に興味を持つようになった。

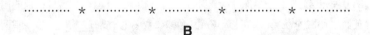

B

問題一　テープを聞いて、次の文を完成しなさい。外来語は片仮名で、その他は漢字で書き入れなさい。(テープは二回流します)(20点)

　梅雨が明けると、急に暑くなって、蒸し暑い夏がやってくる。奈津子は職場で飲み会の幹事を頼まれたが、女性社員からはおしゃれな場所、男性社員からは安くておいしい所がいいと難しい条件を要求されたので、都心だが公園の

森の中にあるおしゃれなビアガーデンに行くことにした。ふつう、ビアガーデンはビルの屋上に作られ、バンドが入っていて、演奏を聞きながら生ビールを飲んだり、好きな曲をリクエストしたりするところが多いが、ここは、緑の中、夜風に吹かれて自然を楽しみながら、ビールが飲める。いろいろな人がこの涼しい場所を求めてやって来ている。家族連れも多く、隣のテーブルでは、子どもが「アイスクリームが食べたい」と言って、せがんでいる。奈津子たちはバーベキューセットとビールを注文したのだが、なかなか来ないので、ウェーターに催促した。

　十分にビールとバーベキューを味わって、帰るときに請求された金額は思ったより安かった。自然も楽しめ、暑さも疲れもどこかに吹っ飛んだ夜だった。

問題二　テープを聞いて、抜けた言葉の意味を下線部に中国語で書き入れなさい。（テープは一回流します）(20点)

1. 今日は待ちに待ったボーナスがでた。さっそく結婚記念日のプレゼントを買いにいきました。　　　　　　　　　　　　　　　发奖金
2. 再会できる日を指折り数えて待っています。　　　扳着指头计算
3. 制服の生地には、汚れの目立たない色が用いられます。　制服的布料
4. かれは人前でも平気で部下のメンツをつぶすようなことをします。
　　　　　　　　　　　　　　　　　　　　　　　　让……丢脸
5. 新幹線を利用して、東京から大阪まで日帰り出張をする会社員が少なくありません。　　　　　　　　　　　　　　　　当日往返的出差
6. 英語で小説を読めば、楽しめるし、勉強になるし、一石二鳥だ。　一举两得
7. 霧が濃くなったら、スピードを落として運転してください。　放慢速度
8. 余暇を利用して、大自然に触れてみれば、きっと心身ともリフレッシュすることができます。　　　　　　　　　　　　　身心得到调节
9. 春の明るい日差しの中で、スキーヤーたちが春スキーの初すべりを楽しみました。　　　　　　　　　　　　享受了春季的第一次滑雪
10. 妹はよくクラシック音楽を聴いていますが、それにたいして、私はポップスに興味をもっています。　　　　　　対流行音乐感兴趣

問題三　テープを聞いて、質問に答えなさい。

1　正しい答えを一つ選びなさい。(テープは一回流します)(8点)
(1番)
女　今度のパーティーには150人ぐらい来るでしょうか。
男　招待状は200人くらいに出しましたけど、その半分くらいじゃないかと思います。

質問：今度のパーティーにはどのぐらいの人が来ると思いますか。
　　A　200人。
　　B　150人。
　　C　100人。　　○
　　D　50人。

(2番)
女　すみません。
男　はい。
女　ちょっとわからないことがあるんですが…、ビデオの使い方を知っていますか。
男　そうですね。たぶんわかると思いますけど…、なんですか。
女　テレビの番組をとりたいんですが。
男　録画のボタンがありませんか。
女　あ、あります。これですか。
男　ええ、それを押してください。
女　あ、できました。ありがとうございました。

質問：女の人は男の人に何を教えてもらいたかったのですか。
　　A　テレビの使い方。
　　B　パソコンの使い方。
　　C　ビデオの使い方。　　○
　　D　コピー機の使い方。

2 テープの内容と合っているものに〇、違っているものに×をつけなさい。(テープは一回流します)(12点)

(1番)

都会に住んでいると、コンビニほど有り難いものはないとよく思う。24時間開いていて、生活に必要なものがたいていそろっている。実は私にとってはもう一つ有り難いと思っていることがある。

私が勤めている会社のすぐ近くにもコンビニがある。午前と午後の休憩時間には必ずコンビニに行く。行くといってもおやつとかジュースなどを買いに行くというわけではない。たばこを吸いに行くのだ。日本は喫煙に対して甘いと言われるが、最近はオフィスの中がどこも禁煙になったというところが多いようだ。私の会社の向かいのオフィスでは建物の前にいすとテーブルと灰皿が用意されていて、社員はわざわざそこまで出て来て吸っている。まさかそこにお邪魔して吸うわけにはいかないので、私はコンビニの前に置いてある灰皿のところまで行って吸っているというわけである。

A 筆者は会社の休憩時間に必ずコンビニへおやつやジュースなどを買いにいく。　×
B オフィスの中に喫煙室があり、椅子やテーブルもおいてある。　×
C 筆者の会社も喫煙者には甘く、灰皿まで用意してある。　×
D 筆者はコンビニへ行って店の前でタバコを吸う習慣がある。　〇

(2番)

「湯の国」には、14種類の洋風、和風風呂があります。入館料は、大人一人1,200円、子供は700円です。石けん、シャンプーはもちろん、タオルセットや館内で着る室内着も無料でお貸しいたします。営業時間は、午前10時から午前0時まで。休館日は第2、第4水曜日。ただし、休館日が祝祭日の場合は翌日に変更となります。

駅より徒歩5分とアクセスもよく、また駐車場も350台完備しておりますので、お車でお越しいただいても安心です。

今年から、入館料に色々なセットがつくお得なメニューもご用意いたしました。その一部をご紹介いたしますと、入館料+エステが3,500円、入館料+夕食鍋コースが2,600円、入館料+マッサージが3,000円などとなっており

ます。
　皆様のお越しを心よりお待ちしております。

　　A　「湯の国」の入浴料金は、子供の方が700円安くなっている。　　×
　　B　「湯の国」は特別の日を除き、月に2日しか閉館しない。　　　○
　　C　「湯の国」は交通が便利なうえ、施設も整っている。　　　　　○
　　D　「湯の国」はお客のために、美味しい料理のメニューも用意している。×

問題四　テープを聞いて、会話の内容を日本語で叙述文でまとめなさい。
　　　　（テープは二回流します）(20点)

女　まだ早いわね。
男　そうね。どこかへ行こうか。
女　動物園はどう？
男　動物園は、子供の行く所だよ。大人が行く所じゃないよ。
女　でも、このごろの若者がよく行くそうよ。
男　どうしてかな。
女　動物を見ていると気持ちが穏やかになるんだって。
男　ふうん。
女　ペットを飼う人が多いのと同じよ。
男　ああ。それなら分かる。

　まとめの参考文
　女の人は動物園にいくことを提案したが、男の人は興味はなさそうだった。そこで、女の人は気持ちを穏やかにするため、最近の若者たちがよくそこへ行き、ペットを飼う人が多いのと同じだと説明した。

第3課

A

一、テープを聞いて、次の文を完成しなさい。外来語は片仮名で、その他は漢字で書き入れなさい。

　初対面のビジネスマンはしばしば名刺を交換し合い、お互いの名前、会社

名、連絡先などを伝えます。自社の宣伝の意味をかねて「○○ならお任せください」と渡す場合も多々ありますが、本来は将来の親交を考え、「今後よろしくお付き合いください」という意味合いで交換するものです。名刺はその人の身分証明書であり、名刺を丁寧に扱うことで名刺をくれた人に敬意を払っていることを表現します。ただ、海外では日本ほど名刺を丁重に扱うことはせず、先方の目の前でメモ書きしたり、即座にポケットにしまうこともよくあるようです。(略)

　名刺は世界中で使われており、その歴史も各国独自で発展してきたようです。最も古いのは中国で、唐の時代の文献には木や竹製の名刺の記述が散見されます。「名刺」という言葉は中国の古語です。語源は名を書いた竹の札のことを「刺」といったことに由来します。当時の使い方は今とは違い、訪問先が不在の際に、戸口の隙間に挟んで来訪を知らせる目的で使われました。

　日本で名刺が使われ始めたのは江戸時代で、和紙に墨で名前を書いて上記と同じ目的で使用されました。江戸末期には印刷した名刺が使われ始め、来日した外国人と交流するために用いられました。その後、一般の人々の間でどう普及していったかはよくわかっていませんが、上流階級の人々の間では明治初期に社交の道具として使われました。

★　次の下線に適当な漢字を入れ、意味の通じる言葉にしなさい。

せんでん	宣伝	宣言	宣告	宣布	宣旨
しんこう	親交	親友	親切	親善	親任
けいい	敬意	敬服	敬愛	敬具	敬虔
ぶんけん	文献	文化	文明	文物	文芸
かいきゅう	階級	階段	階層	階上	階下

二、テープを聞いて、抜けた言葉の意味を下線部に中国語で書き入れなさい。

1. 若い世代には勉強とか立身出世などという考えよりも家庭を優先するという考えのほうが普通になってきた。　　　　　　　　出人头地
2. 外国で生活していて、よくカルチャーショックを経験します。　　文化冲击
3. 主演した映画の大成功で新近俳優の彼は一躍の人となり、有頂天外の境

地にいる。　　　　　　　　　　　　　　　　　得意洋洋
4. この奨学金は留学生のためのものです。<u>出身国いかんによらず</u>応募することができます。　　　　　　　　　　　　　　　　　不论国籍
5. 何千年の間に形成されたこの習慣はすでに人々の心に<u>根をおろしている</u>ので、そう簡単に取り除かれるものじゃない。　　　　根深蒂固
6. <u>一夜漬けのやり方</u>では解答できない問題ですから、しっかり勉強してください。　　　　　　　　　　　　　　　　　临阵磨枪的办法
7. 生活の中で体験したことを題材にして、<u>まとまった文章</u>を書いて見ましょう。　　　　　　　　　　　　　　　　　　完整的文章
8. 昨日、日本文学の<u>授業をエスケープしました</u>ね。どうしたんですか。
　　　　　　　　　　　　　　　　　　　　　　　　　　旷课
9. 先輩に遅刻の原因を厳しく追及されて、ぼくは<u>言葉に詰まってしまいました</u>。　　　　　　　　　　　　　　　　　　　无话可说
10. 子供の人数が減るのに伴って、学校の経営方針を<u>改めて考え直さなけれ</u>ばなりません。　　　　　　　　　　　　　必須重新考慮

三、テープを聞いて、正しい答えを一つ選びなさい。

（1）
男　子供ならいざ知らず…まったく。
女　すみません。これからはなんとかいたしますので。

質問：男の人はなにを言いたいのですか。
　　A　子供ならともかく大人のくせに、と言っている。　○
　　B　子供であってもだめだと言っている。
　　C　子供のくせに、と言っている。
　　D　子供でも大人でもだめだ、と言っている。

★　テープをもう一度聞いて、キーワートを探し出しなさい。
　　<u>子供なら　まったく</u>

（2）

女　ね、今度の新しく来た歴史の先生って、どんな人か知っている?
男　ああ、今年、日本から帰国したばかりの男の先生らしいよ。あ、あそこでラーメンを食べている人がその先生だよ。
女　どれどれ?
男　ほら、あの隅っこのテーブルの背の高い人。
女　メガネをかけている人?
男　ううん、その人の向こう側に座っている人。
女　へえ、あの先生が新しい先生なの。昨日、学校の入り口ですれ違ったわ。
男　厳しい先生だって。
女　そう、歴史、あまり好きじゃないから、いやだなあ。

質問: 新しい先生はどんな人ですか。
　A　メガネをかけた人です。
　B　背が高い人です。
　C　いやな人です。
　D　厳しい人です。　　○

★　テープをもう一度聞いて、質問に答えなさい。

1. 新しく来た先生はなにを教えるのですか。
2. その先生は背が高いですか。
3. 女の人はどこでその先生とすれ違ったのですか。

四、テープを聞いて、テープの内容と合っているものに○、違っているものに×をつけなさい。

(1)
　せっかく一生懸命勉強したのにテストでいい点が取れなかったという経験はだれにでもあります。期待していたほどいい点数がとれないとがっかりします。反対に、思っていたよりいい点数がとれるとうれしくなります。
　私の友達にあまり勉強しないのにいい点をとる人がいます。いつも試験に出そうなところを予想して、そこだけ勉強するそうです。そして、その予

想が本当によく当たるのです。前回のテストでも、そんなところは出ないだろうと思っていたら、本当にそこが出たので驚きました。運がいいだけかもしれませんが、私とは全く反対です。私は予想がはずれてばかりいます。今まで当ったことがありません。

  A 一生懸命勉強すれば、いつか必ずいい点が取れる。 ×
  B 筆者の友達にテストの出題の予想をよく当てる人がいる。 ○
  C 筆者は運良く、いつも出題の予想が当たって、いい成績が取れる。 ×
  D 筆者はテストにおいて出題の予想が外れたことが一度しかない。 ×

★ テープをもう一度聞いて、次の文を完成しなさい。

1. <u>期待していたほど</u>いい点数がとれないとがっかりします。
2. いつも<u>試験に出そうなところ</u>を予想して、そこだけ勉強します。
3. 今まで<u>当ったこと</u>がありません。

（2）
  国内旅行も海外旅行もさまざまな形のものが次々に現れる。JTBの北海道支部では、高齢者の海外旅行の様子をインターネットで知らせるサービスを始めるそうだ。旅行中の様子、景色、できごとなどを添乗員がデジタルカメラで撮影し、説明をつけてパソコンで日本に送り、24時間以内に同社のホームページにのせる。日本で帰りを待っている家族や友だちは、それを見て安心すると同時に自分も旅行しているような気持ちになれる。高齢者の海外旅行という点でも、インターネットの利用という点でも、たいへん新しい形である。

  A JTB北海道支部では、ネットによる旅行案内のサービスが始まった。 ×
  B 旅行中の家族の様子や出来事などをネットで見ることができる。 ○
  C 旅行社の添乗員は24時間パソコンで観光客の写真を送っている。 ×
  D 旅行に出た高齢者の家族にとって、何よりのサービスだと思われる。 ○

★ テープをもう一度聞いて、次の文を完成しなさい。

1. 高齢者の海外旅行の様子をインターネットで知らせるサービスを始めるそうだ。
2. 旅行中の様子、景色、できごとなどを添乗員がデジタルカメラで撮影し、説明をつける。
3. それを見て安心すると同時に自分も旅行しているような気持ちになれる。

五、テープを聞いて、次の質問に答えなさい。

男　すみません。来週の水曜日に学生のミーティングをしたいと思っておりまして…、それでどこか部屋をおかりしたいんですが…。
女　じゃ、3階の会議室を使ってください。
男　そのへやにはかぎがかかっているんですか。
女　ええ、かかっていますよ。でも、そのかぎはね、ここにはないんですよ。だから、当日にね、1階の受付へ行ってね、かぎを借りてください。ミーティングは何時までですか。
男　4時半までの予定なんですが…。
女　じゃ、4時半に終わったらね、また部屋にかぎをかけてね、そのかぎを受付に返してください。受付は5時になったら、閉まってしまいますからね、必ずその前に返すようにしてくださいよ。

質問:
1. いつミーティングをしますか。
2. 会議室は何階にありますか。
3. 会議室の鍵はどこにありますか。
4. ミーティングは何時に終わる予定ですか。
5. 会議室の鍵はミーティング後、どのようにしますか。

★ テープをもう一度聞いて、会話の内容を日本語で叙述文でまとめなさい。

まとめの参考文
　学生は来週の水曜日に会議をするために、3階の会議室を借りたいと思っているが、そこのかぎは会議の日に一階の受付で貸してもらうということになっている。そして、会議が終わったら、また部屋にかぎをかけて、五時までにそのかぎを受付に返さなければならない。

············· * ············· * ············· * ············· * ·············

B

問題一　テープを聞いて、次の文を完成しなさい。外来語は片仮名で、その他は漢字で書き入れなさい。（テープは二回流します）(20点)

　やりたいという気持ちが少しでも芽生えたら、とにかく行動を起こしたほうがいいんじゃないかな。考えすぎて、身動きがとれなくなるのはもったいない気がする。それから、周りに目を向けてみることも大事ですよね。改めて目を向けてみると、吸収できるものは周りにたくさん落ちていますから。私も自分の周りに落ちているものをしっかりと拾いつつ頑張ります！
　まず、迷っている場合じゃないです！とりあえず、何でもやってみたほうがいいし、やってみて合わなかったら方向転換すればいい。何かにチャレンジして、損なことって、そんなにないですよ。もちろん、私だって、途中で挫折したことはあります。それと、ある程度年をとっていた方が、習い事や資格取得に熱が入る場合もあると思うんです。若いと、まだまだ時間がある、いつでもできるって錯覚しちゃうでしょ。年を重ねると、「今やらないと！」っていう意識が働くから、目的や目標がはっきりしてくるから、短期決戦で伸びることもありますよね。だから、何かを始めようとしている時に、年齢を気にして迷うなんてナンセンスですよ。とにかく、始めてみることです。

録音内容と参考答案

問題二　テープを聞いて、抜けた言葉の意味を下線部に中国語で書き入れなさい。(テープは二回流します)(20点)

1. 名刺には何も書いていないけど、あの人の<u>肩書き</u>はなんですか。　<u>头衔</u>
2. 父はいつも朝刊に<u>目を通して</u>から会社に行きます。　<u>浏览</u>
3. 実力ランキングの<u>トップに位置づけ</u>られました。　<u>排行榜</u>
4. 今月は<u>予定が詰まっていて</u>、とてもテニスに行く時間などありません。
　　　<u>日程排得满满的</u>
5. この問題については十分に討議を重ねる必要があり、<u>一朝一夕</u>には結論を出せない。　<u>一时半刻</u>
6. この学校は、<u>雰囲気がリラックスしていて</u>、生徒の個性を大事にしています。　<u>气氛轻松</u>
7. あのひとはふだん<u>冗談ばかり言っています</u>が、仕事の話となると急にまじめになります。　<u>总是开玩笑</u>
8. 僕の期末テストの点数がみんなに知られたら、母はきっと<u>肩身の狭い思いをするだろう</u>。　<u>觉得脸上无光</u>
9. あの兄弟、どちらも東大の法学部を出たエリートだけど、性格は<u>月とすっぽんほど違うんだ</u>。　<u>天壤之别</u>
10. 学歴がどうか、また、出身校がどこかによらず、<u>社員を実力本位で採用する</u>企業が今後増えていくだろう。　<u>以其实力为标准录用职员</u>

問題三　テープを聞いて、質問に答えなさい。

1　正しい答えを一つ選びなさい。(テープは一回流します)(8点)
(1番)
男　そんなもってまわった言い方じゃわからないと思うよ。
女　そんなこと言ったってどう説明すればいいのよ。

質問：女の人はさっきどんな言い方で話しましたか。
　A　簡単に話しました。
　B　遠まわしに話しました。　　○

C いい加減に話しました。
D ほとんど話しませんでした。

(2番)
女　この間、お話しした私の論文ですが、ご覧いただけますか。
男　読ませてもらいましょう。
女　よろしくお願いいたします。
男　ところで、あしたの休みは?
女　なにか。
男　ゼミの学生と奈良へ遊びに行くんですが、よかったら一緒に来ませんか。
女　東京から母が来ておりまして…、それで、どこかへ案内しようと思いますので…。
男　ああ、お母さんがいらっしゃっているんですか。

質問：男の人はあした何をしようと思っていますか。
　A　女の人の論文を読む。
　B　東京からの母を迎えに行く。
　C　学生を連れて奈良へ行く。　〇
　D　お母さんをどこかへ案内する。

2 テープの内容と合っているものに〇、違っているものに×をつけなさい。(テープは一回流します)(12点)

(1番)
　学問や勉強について、学問や勉強は役に立つものでなければならないと、しばしばいわれます。しかし、多くの学問や勉強は、少なくともすぐには役立たない、あるいは全然役立たないように見えます。ファストフードで食事をするのとは違うのです。そうすると今の我々は非常に不安になります。すぐに役立たないことをするのはバカげたことだ、悪いのだと思いこんでいるからです。しかし、そうでしょうか。
　せっかく大学に入ったのです。大学は勉強するところです。勉強によっては一見、すぐに役立ちそうもないものもあります。またなぜこんなことをやるのか見えてこないものもあります。しかし、一旦大学に入ったのだから、人

録音内容と参考答案

がなんと言おうと、迷わずに勉強に専念せよ、そういうことです。

A　学問や勉強は大抵の場合はすぐに役立つものだ。　　　　×
B　学問や勉強は大抵の場合はすぐに役立たないように見える。　○
C　学問や勉強はファストフードで食事をするのと同じようなものだ。×
D　大学に入った以上、躊躇せず勉強に没頭すべきだ。　　　　○

(2番)
　近くの私鉄の駅前にはいつも100台ほどの自転車が止めてあります。駅の近くに自転車置き場がないわけじゃないんです。でも、駅前の歩道に止める人が跡を絶ちません。でも、この自転車があるせいで遠回りしないと駅に行けないんです。風の強い日なんか、倒れて子どもがけがをしたこともあります。でも、なによりわたしが不安なのは地震のときです。自転車が倒れて道をふさいでしまったら、逃げようにも逃げられませんものね。

A　駅の近くに自転車置き場がないので、駅前の歩道に自転車を置く人が多い。　×
B　バイクや自転車が止めてあるせいで、駅に行くのに大変不便だ。　×
C　風の強い日に一番心配なのは、子供が倒れたり怪我をしたりすることだ。　×
D　こういった駅前の様子では、地震などがあったら大変なことになる。○

問題四　テープを聞いて、会話の内容を日本語で叙述文でまとめなさい。
**　　　　（テープは二回流します）(20点)**

女　はい、中野日本語学校です。
男　もしもし、中級2クラスのマイクですが、山本先生はいらっしゃいますか。
女　山本先生はもう帰られましたけど。
男　そうですか。それでは、伝言をお願いできますか。
女　ええ、どうぞ。
男　明日の授業なんですが、急用ができたので欠席すると伝えてください。
女　あしたの授業は欠席するということですね。わかりました。

まとめの参考文

マイクさんは中野日本語学校の学生だ。明日急用で学校へ行けなくなった。それで、先生に休みの許可をもらうため電話をしたが、あいにく先生が帰ったとのことで、事務の人に欠席の伝言をしてもらった。

第4課

A

一、テープを聞いて、次の文を完成しなさい。外来語は片仮名で、その他は漢字で書き入れなさい。

カウンセリングとは、理論に基づいて会話をしながら人の心を科学的に分析していくことである。APCでは、まず心理テストやゲームを通して、カウンセリングに必要な基本知識を習得する。そして、実際に現場で使われている相談者の心をほぐす技法なども身につけ、実習を行う。現役カウンセラーによる丁寧な指導で、資格取得までをバックアップする！

授業では、性格の構造やストレスが原因で起こる心身のトラブルなどを様々な事例を交えながら解説する。また、実践を想定した模擬カウンセリングでは、知識を定着させるのはもちろんのこと、現場で相談者と呼吸を合わせる訓練にもなる。

講師は全員、カウンセリングルームで活躍中の現役カウンセラーである。現場で培ったカウンセリングのノウハウを伝授してくれる。また、文部科学省認可生涯学習開発財団登録校だから安心できる。

★ 次の下線に適当な漢字を入れ、意味の通じる言葉にしなさい。

しかく	資格	資本	資料	資源	資金
こうぞう	構造	構成	構築	構内	構文
もぎ	模擬	模倣	模型	模様	模範
かつやく	活躍	活字	活発	活気	活力
でんじゅ	伝授	伝言	伝統	伝聞	伝記

録音内容と参考答案

二、テープを聞いて、抜けた言葉の意味を下線部に中国語で書き入れなさい。

1. 受験生の前で「落ちる」という言葉はタブーです。　　　　　　禁忌
2. 歴史の1ページを飾るような劇的な瞬間を目の当たりにし、感銘深かった。　　　　　　戏剧性的瞬间
3. 英語が出来ると言ったばかりに通訳をさせられ、赤恥をかく羽目に陥った。　　　　　　出尽洋相
4. 不登校現象は70年代を通して大都市にとどまらず、地方にまで波及していた。　　　　　　逃学现象
5. 秋になっても卒学論文の構想がまとまらず、四苦八苦の日々である。　　　　　　千辛万苦
6. 近頃は会社の海外進出に伴って、海外への単身赴任者が増えている。　　　　　　随着向海外发展
7. 私たちにはありふれた光景でも、ヨーロッパからの視線には奇妙に映るらしい。　　　　　　司空见惯的情景
8. 面接官も受験者の本音を引き出そうと努力するのだ。　　　　　　引出真心话
9. 山本先生は他の個性的な先生と比較しても、何だか影が薄い感じがしました。　　　　　　有点不为人所注意
10. 今回の従業員募集には、ペーパーテストと面接を併用した試験方法を採り、優秀なものを採用します。　　　　　　口试笔试相结合的考试方式

三、テープを聞いて、正しい答えを一つ選びなさい。

(1)
女　受験生だからって、勉強さえしていればいいってもんじゃないでしょ。お母さんだって忙しいんだから…。
男　分かってるよ。うるさいなあ。

質問：お母さんは息子に何をしてほしいと思っていますか。
　A　受験生だから、もっと勉強してほしい。
　B　受験生だから、勉強以外のことをしないでほしい。

C 勉強ばかりしないで、家事でも手伝ってほしい。 ○
D 勉強ばかりしないで、リラックスして話し合ってほしい。

★ テープをもう一度聞いて、キーワートを探し出しなさい。
  だからって　　もんじゃない

(2)
女 あしたのテストの勉強した?
男 ううん、これから。さっき林さんから授業のノートを借りたから、これからコピーするところなんだ。
女 ちょうどよかった。私も授業にあまり出てなかったから、それがあれば助かるわ。それじゃ、私の分もコピーしといてくれる?
男 えっ? じぶんでやってよ。忙しいんだから。
女 そんなこと言わないでよ。あ、この辞書、ちょっと借りるね。辞書は重いから、持ってくるのが大変なのよね。
男 今使ってるんだけど…。
女 すぐ返すから。
男 あ〜あ。

質問: 女の人はどんな人ですか。
  A きちょうめんな人。
  B 思いやりのある人。
  C いたずら好きな人。
  D 自分勝手な人。　○

★ テープをもう一度聞いて、質問に答えなさい。

1. 男の人はなにをコピーしようとするところですか。
2. 女の人はどんなことを男の人に頼みましたか。
3. だれがだれに辞書を貸してもらったのですか。

四、テープを聞いて、テープの内容と合っているものに〇、違っているものに×をつけなさい。

(1)
　私は外国にいた経験もあり、いくつか言葉も話せましたので、若い頃から仕事で海外のトップスターのインタビューに行ったり、お会いする機会がありました。やはり、そういう方たちは高い意識をお持ちなんですよね。話す内容についていけないこともありました。それで、私ももっと知識を増やさなければと思い、自分がやりたい仕事をするために身に付けなくてはならないことをやってきました。ボランティア活動をしたり、HABITAT(国連人間居住センター)親善大使のお話を頂いたり…。自分が学びたいことを学ぶうちに、自然と異文化コミュニケーターとしてのスタイルがついてくるようになった感じです。

A　筆者は若いころよく海外旅行に行ったので、外国語も幾つかできるという。　　　　　　　　　　　　　　　　　　　　　　　　　　　×
B　トップスターはみんな高い意識を持っている。　　　　　　　　〇
C　仕事をうまくこなすために、いろいろな知識を身につけなければならない。　　　　　　　　　　　　　　　　　　　　　　　　　　〇
D　ボランティア活動をしたり、親善大使の話を聞いたりすることもいい勉強になった。　　　　　　　　　　　　　　　　　　　　　　　〇

★　テープをもう一度聞いて、次の文を完成しなさい。

1. 若い頃から仕事で<u>海外のトップスター</u>のインタビューに行ったり、お会いする機会がありました。
2. <u>親善大使</u>のお話を頂いたり…。
3. 自分が学びたいことを学ぶうちに、<u>自然と異文化</u>コミュニケーターとしてのスタイルがついてくるようになった。

(2)

人間くらい外見に影響されるものはないだろう。古い田舎の駅がきれいになると、そこを利用する人の服装や様子などまですっかり変わってしまうこともある。病院の医者や看護婦の服は白と決まっていたが、最近は病院に来る人の気持ちを考えて、青やピンクを使う所が多くなった。

外見といえば、アメリカの大統領選挙では、背の高い人の方がずっと勝ってきたという、うそのような本当の話がある。ある大学の卒業生のうち、背の高い人の方が背の低い人と比べると給料が多かったというデータもある。これは背が高い方が立派に見え、人に信頼されやすくなるという、いい例ではないだろうか。

外見だけで人を判断するなとよくいわれるが、実際にはそれだけで人を見ていることが多い。もちろん昔から言われている「外見より中身」ということは本当のことだ。いくら外を飾っておしゃれをしても、中身がなければ何にもならない。

A　服装は着る人の行動を変える。　　　　　　　　　　　　×
B　最近、病院の壁は白より青やピンクが多くなってきた。　　×
C　外見に影響されるせいか、背の高い人の方がずっと得なのだ。　○
D　「外見より中身」は昔の人を判断する基準である。　　　　×

★　テープをもう一度聞いて、次の文を完成しなさい。

1. 最近は病院に来る人の気持ちを考えて、<u>青やピンクを使う</u>所が多くなった。
2. これは背が高い方が立派に見え、<u>人に信頼されやすくなる</u>。
3. 外見だけで<u>人を判断する</u>なとよくいわれるが、…?

五、テープを聞いて、次の質問に答えなさい。

女　あのう、このDVDも韓国の人気テレビドラマですか。
男　ええ。
女　すみませんが、貸していただけないですか。

録音内容と参考答案

男　君、前に借りたのもまだ返していないでしょ。
女　はい、長いから、まだ全部見終わっていないんです。
男　なら、君がまずそっちを見終わってから、これを貸してあげますよ。王君も見たいと言っていますから。
女　はい、でも、前借りたドラマを見終わるにはあと一ヶ月はかかるかもしれないです。
男　それはかまいませんよ。ちゃんと返してくれれば。
女　はい、わかりました。じゃあ王さんが見てから私に貸してくださいませんか。
男　ええ。

質問：
1. 女の人はどんなテレビドラマを見ていますか。
2. 女のひとが見ているものは借りたのですか。買ったのですか。
3. 女の人が見ているものを全部見終わるにはどのぐらいかかりますか。
4. 男の人はどうして女の人にDVDを貸してあげなかったのですか。
5. 女の人は男の人とどんな約束をしましたか。

★　テープをもう一度聞いて、会話の内容を日本語で叙述文でまとめなさい。

まとめの参考文
　女の人は、この前男から借りた韓国の人気テレビドラマをまだ見終わっていないのに、また新しいのを借りようとする。でも、ほかに王さんもそれを見たいと言っているので、女の人は、王さんが見てから借りることにした。

············ * ············ * ············ * ············ * ············

B

問題一　テープを聞いて、次の文を完成しなさい。外来語は片仮名で、その他は漢字で書き入れなさい。（テープは二回流します）（20点）

　教壇は舞台、主役は自分、注目を浴びるのが快感だ、というくらいの自意識

を持たないと、学生たちを惹きつける授業はできないもの。だからこそ、教案づくりには時間をかけ、万全の準備で臨む努力をしているのに、間抜けな失敗は尽きません。

例えば、授業の前夜、パソコンが突如クラッシュし、せっかくの努力が水の泡、二年分の教案が一瞬にして消えてしまったり、徹夜で仕上げた教案を自室に置き忘れ、通勤電車の中で必死に書き直したり…。教案は授業の命網。特に新人のうちは、これがないと授業が成立しません。気をつけましょう！

教師は誰しも、忘れられない学生との出会い、言葉に対する熱い想い、心に残る授業中のエピソードなど、たくさんの「大切なもの」を胸に、今日も教壇に立っています。それは今日の授業の元気の源になり、明日の活力になります。

問題二　テープを聞いて、抜けた言葉の意味を下線部に中国語で書き入れなさい。(テープは一回流します)(20点)

1. アイドル歌手のライブのチケットが手に入りましたけど、いっしょに行きませんか。　　　　　　　　　　　　　　　　　　　　偶像歌手
2. 文学作品とは、体験や見聞などをもとにして自分の思いや感動を表現したものである。　　　　　　　　　　　　　　　　親身経歴或所見所聞
3. OA機器の操作を身につけるほか、中国語の研修を取り入れている会社も少なくない。　　　　　　　　　　　　　　　　　　　　　　　掌握
4. あの町にはほかの大都市とは違った独特の雰囲気があります。
　　　　　　　　　　　　　　　　　　　　　　　　　　　独特的氛囲
5. この件は一切君に任せる。臨機応変に処置してくれ。　　　随机応変
6. 建前ばかり言わずに本当にお互いの立場を理解しあえば仕事もスムーズにいくだろう。　　　　　　　　　　　　　　　　　　　　　進展順利
7. 人間は逆境に鍛えられ、幾多の試練を経てこそ強くなる。
　　　　　　　　　　　　　　　　　　　　　　　　　逆境中経受磨煉
8. 試験に来ない人には単位を与えられませんから、気をつけてください。
　　　　　　　　　　　　　　　　　　　　　　　　　　　不能給学分
9. 第二世界大戦の前までは教育、特に高等教育は一部の人しか受けられませんでしたが、戦後全ての人が平等に教育が受けられるようになりました。　　　　　　　　　　　　　　　　　　　　　　　　　　　人人平等

録音内容と参考答案

10. 自分が対等な人間として扱われていないような気がして、腹が立ってくる時もしばしばであった。　　　　　　　　　　　　　时常生气

問題三　テープを聞いて、質問に答えなさい。

1　正しい答えを一つ選びなさい。(テープは一回流します)(8点)
(1番)
女　田中さん、この頃どうも浮かない顔しているように思いますけど。
男　うん、受験が近づいているだろう。たぶんそれが原因だと思うよ。

質問：田中さんは今どのような状態でしょうか。
　A　病気です。
　B　試験のことを心配しています。　〇
　C　気を失っています。
　D　人生の目標を見失っています。

(2番)
男　あの、このテニス入門コースを申し込みたいんですが、いくらですか。
女　全部で10回、2万円です、一回3千円ずつ、来た時だけお支払いになってもけっこうです。
男　でも、それだと、ずいぶん高くなりますね。
女　ええ、でも、一度払いになったお金は、途中でやめられても、お休みになってもお返しできませんから。
男　僕も仕事の都合で、3回は来られない日があるなあ。じゃ、後は1回も休まないとして、安いほうを払おう。
女　はい、これが申込書です。

質問：男の人はいくら払いますか。
　A　2万円。　　〇
　B　1万8,000円。
　C　2万1,000千円。
　D　1万4,000円。

2 テープの内容と合っているものに〇、違っているものに×をつけなさい。(テープは一回流します)(12点)

(1番)
　学習方法は、3つの種類に分けられると思うんです。それは何かというと、耳で聴いて覚えるヒアリング型、目で見ることで吸収するビジュアル型、そして感覚で覚えるフィーリング型。この3つのうちどの方法がいいかは、人それぞれですね。私の場合は、ヒアリング型とフィーリング型にあてはまるでしょうか。興味を持って耳で聞いたことは絶対忘れないですね。その代わり読むだけではなかなか頭に入らないんです。だから大学でどの授業を選択するかを決めるときも、話が上手で、言葉を大切にする教授の授業を選んで受けていました。何かを習得する時には、自分の覚え方がどのタイプかを早く見極めることが大切ですよね。

A　学習方法は、耳で覚えるより肌で感じるほうが大切だ。　　　×
B　学習方法は人によって違うが、筆者は読むだけで覚えられる。　×
C　好きでハンサムな先生の授業を受けたら、その話を絶対忘れられない。　　×
D　学習者自身で自分に合う効果的な学習方法を見つけるべきだ。　〇

(2番)
　日曜日に友人を誘ってラーメンを食べに行くことにした。そこは行列のできる店として有名で、ぜひ一度食べに行きたいと思っていたところだ。友人に「やっぱりおいしいから行列ができるんだよね」と言うと、友人は「それはそうだけど、行列ができるからおいしいんじゃないかな」と言った。おもしろいことを言うものだと思ったが、とにかく一緒に食べに行くことにした。
　予想どおり、私たちが着いた時には、もうすでに30人ほど店の前に並んでいた。列の最後につくと、すぐにまた別のグループが後ろについた。入口に近づくにつれて、ラーメンのにおいがしてきた。1時間くらい待たされるだろうと思っていたら、案外早く席につくことができた。でも時計を見たら、40分近く並んでいた。しばらくして、注文したラーメンが目の前に運ばれて来た。その時、オーバーかもしれないが、40分待った者にしか得られない特別な物をついに手に入れたという気分になった。そして、まさに期待どおりの

ラーメンを味わって私たちは店を出た。

 A そこのラーメン屋は安いからいつでも客でいっぱいだ。 ×
 B そこのラーメン屋は美味しさで有名になって、いつも人気を呼んでいる。 ○
 C 筆者は1時間ぐらい待たされて、やっと店に入った。 ×
 D 筆者は時間をかけて待った甲斐のあるラーメンを食べた。 ○

問題四　テープを聞いて、会話の内容を日本語で叙述文でまとめなさい。（テープは二回流します）(20点)

男　お母さん、ペット飼ってもいい？
女　だめよ。わかっているでしょう。家はせまいんだから。
男　大丈夫だよ。僕の部屋で十分だよ。
女　あなたがそれでよくても、ペットがかわいそうでしょ。生き物は閉じ込めておくわけにはいかないのよ。
男　出て行かないと思うんだ。
女　そんなことわからないでしょう。それに、しつけはどうするの。夜、鳴いたり、あちこちフンでもして歩いて、ご近所の迷惑になったら飼い主の責任になるのよ。
男　お母さん、ぼくがほしいの、金魚なんだけど…。

まとめの参考文

息子がペットが飼いたがっているが、お母さんは家が狭いとか、ちゃんとしつけしなければ、近所迷惑になるとか言って賛成しなかった。しかし、実は息子がほしかったのはただの金魚だった。

第5課

A

一、テープを聞いて、次の文を完成しなさい。外来語は片仮名で、その他は漢字で書き入れなさい。

家族のなかで、夫の力が強まっているのか。それとも、妻の力が強まってい

るのか。あるいは、子供の力が<u>強力</u>になっているのか。消費に見る家族の力関係を、4年前、民間の研究所が調査した。家族のそれぞれの意見が反映された影響度を、<u>合計</u>の点数を10点として、夫、妻、子供らに振り分けてもらう形で尋ね、夫、妻、子供の力の比を求めた。その結果、車や新聞の選択など、<u>従来</u>、夫の力が強かった分野にまで、妻の力が強くなっている妻権化が広がっていることがわかった。

そして、今年の3月、再び同じ調査を<u>実施</u>した。進んでいると思われた妻権化は、<u>プリンター</u>やパソコンなどのIT系の消費、日本酒などのアルコールの消費では<u>顕著</u>だったものの、それ以外の分野ではそれほどではなかった。

4年前と比較して、全体のおよそ4分の3の項目では家族の力のバランスには変化がなかった。その一つが、妻がほとんど1人で選択している日用品や妻の身の回りの商品であった。<u>ティッシュペーパー</u>や、カレールー、妻の<u>外出着</u>などである。生活に関心を向ける夫が増えているものの、おそらく夫が永遠に口の挟めない分野なのであろう。冷蔵庫・洗濯機やエアコン、テレビ・ビデオなどの<u>家電製品</u>も、夫と妻と子供の力のバランスに変化がない。それぞれの得意分野でお互いの意見を<u>尊重</u>している結果であろうか。

★　次の下線に適当な漢字を入れ、意味の通じる言葉にしなさい。

<u>きょうりょく</u>	強力	強制	強調	強固	強化
<u>ごうけい</u>	合計	合格	合理	合同	合意
<u>じっし</u>	実施	実行	実際	実態	実況
<u>がいしゅつ</u>	外出	外観	外国	外交	外資
<u>かでん</u>	家電	家具	家族	家事	家計

二、テープを聞いて、抜けた言葉の意味を下線部に中国語で書き入れなさい。

1. その少年を非行の道へと走らせたのは両親の離婚に伴う<u>家庭崩壊</u>が原因だった。　　　　　　　　　　　　　　　　　　　　　家庭破裂
2. 昨夜の火事の原因は放火の疑いと見られており、警察では<u>不審な人物</u>がいなかったか、探している。　　　　　　　　　　　　形跡可疑者
3. 古くから「時は金なり」といいます。一日遅れるだけでも、ずいぶん大き

録音内容と参考答案

な損を蒙ることになってしまうから。　　　　　<u>一寸光阴一寸金</u>
4. レストランの経営原則は、<u>コストダウン</u>と薄利多売に徹底することである。
　　　　　　　　　　　　　　　　　　　　　　　　　　　<u>降低成本</u>
5. 脳死状態に陥った患者の臓器移植をめぐって、その是非が<u>議論を呼んでいる</u>。
　　　　　　　　　　　　　　　　　　　　　　　　<u>成为争论的焦点</u>
6. 交通事故や殺人事件が<u>日常茶飯</u>のことであるとはひどい世の中だ。
　　　　　　　　　　　　　　　　　　　　　　　　　　　<u>司空见惯</u>
7. たまたま一度うまくいったくらいで、<u>調子に乗るんじやない</u>。　<u>得意忘形</u>
8. 家庭に入ったきり<u>完全にキャリアを捨てて</u>専業「主夫」になる男性がいて、その割合が最近増えているそうです。　　　　　　　<u>完全放弃职业</u>
9. 戦後四十年ほどの間に約<u>三十歳も寿命が伸びた</u>ことになりました、日本は今高齢化が進むということです。　　　　　<u>寿命延长了30岁</u>
10. このごろはファッションで見るかぎり、<u>男性側から女性側へ歩み寄っている</u>ように思われる。　　　　　　　　　　<u>男性正向女性趋近</u>

三、テープを聞いて、正しい答えを一つ選びなさい。

(1)
男　子供が母親べったりですねえ。
女　育児の難しいところですね。
男　どうしたらいいかなあ。

質問：男の人はなにを悩んでいますか。
　A　子供が母親とうまくいかないこと。
　B　子供が母親に甘えすぎること。　　○
　C　子供が父親と親しくないこと。
　D　子供が母親に抵抗すること。

★　テープをもう一度聞いて、キーワートを探し出しなさい。
　<u>母親べったり</u>

(2)

男　お邪魔します。
女　どうぞ。
男　へえ、きれいな部屋ですね。それに広いですね。8畳ぐらいですか。
女　いいえ、6畳ですよ。
男　そうですか。それじゃ、私の部屋と同じですね。でも、こちらのほうがずいぶん広く感じますね。
女　そうですか。机とベッドがないからでしょう。
男　私の部屋にもありませんよ。
女　それじゃ、壁の色が白いからじゃないですか。白い部屋は広く感じるんですよ。
男　へえ、そうなんですか。知りませんでした。

質問：女性のアパートの部屋はどんな部屋ですか。
　A　6畳の部屋で机もベッドもあります。
　B　8畳の部屋で机もベッドもありません。
　C　6畳の部屋で壁の色が白いです。　　○
　D　8畳の部屋で壁の色が白いです。

★　テープをもう一度聞いて、質問に答えなさい。

1. 男の人の部屋と女の人の部屋とどちらが広いですか。
2. 男の人の部屋の広さはどのぐらいですか。
3. どんな部屋が広く感じられますか。

四、テープを聞いて、テープの内容と合っているものに○、違っているものに×をつけなさい。

(1)
　人生の抱負は、あくまでも「自分が好きなことにチャレンジし続ける」という気持ちです。他人から何かを手伝ってもらったりするのを待つ「期待」ではなく、自分自らが成長し、大きくなっていくことへの「信頼」を、きちんと持つことが大切です。

録音内容と参考答案

たくさん好きなことがあって、何からすればいいのかわからない人も、何が自分に合っているのか好きなことがはっきりしない人も、まず、今すぐできることを始めましょう。いろいろ浮かんだら、すぐできることをひとつ選んで、直ちに行動に移しましょう。

その結果を見て、次にできることを決めます。あるいは、同じことを今度はスムーズにやるという目標を掲げます。そこに、昨日よりも少しでも前に進んだあなたが実感できればOKです。

A　他者の助けを「期待」しているだけでは人は成長しない。　　〇
B　自分への「信頼」をきちんと持つことが大切だ。　　　　　　〇
C　自分にできることを幾つか選んで行動することが大切だ。　　×
D　同じことをやるより新しいことにチャレンジすべきだ。。　　×

★　テープをもう一度聞いて、次の文を完成しなさい。

1. <u>人生の抱負</u>は、あくまでも「自分が好きなことにチャレンジし続ける」という気持ちです。
2. いろいろ浮かんだら、すぐできることをひとつ選んで、<u>直ちに行動に移しましょう</u>。
3. <u>昨日より少しでも前に進んだあなたを</u>実感できればOKです。

(2)

「私には幸せも生きがいも感じられない。どうすればいいのか」という相談をよく受けますが、これはもっとも答えに窮する質問であります。幸せは理屈で説明できるものではなく、心で感じるものだからであります。幸せを感じる方法は、自分自身で感じる以外にはない、というほかはありません。幸せも、必死に求めているときは感じられず、力を抜いたときにふと感じられるものだと思います。といっても、何も考えずに生きればよいというわけではありません。つねに自分と正面から向き合い、自分の幸せとは何かを真剣に考える必要はあります。

しかし、悩みの淵にいるときは、幸せは見えてきません。悩み抜いた末に、あきらめにも似た境地に達したとき、忽然として視界がひらけるのであり

ます。

A　幸せは理屈で説明できるものだ。　　　　　　　　　　×
B　幸せは自分自身の心でしか感じられないものだ。　　　○
C　幸せは一生懸命に求めれば感じられるものだ。　　　　×
D　たくさん悩んだ後に、幸せが見えてくるのだ。　　　　○

★　テープをもう一度聞いて、次の文を完成しなさい。

1. これはもっとも<u>答え</u>に窮する質問であります。
2. つねに<u>自分と正面から向き合い</u>、自分の幸せとは何かを真剣に考える必要はあります。
3. しかし、<u>悩みの淵にいるとき</u>は、幸せは見えてきません。

五、テープを聞いて、次の質問に答えなさい。

女　あれ？お父さん、この間まで豆腐屋さんがあったところに、新しい建物が建っているよ。
男　うん、豆腐屋さんはつぶれちゃったんだ。ハンバーガーショップができたみたいだね。
女　やったあ！あたし、ハンバーガー大好き！
男　お父さんはちょっと寂しいな。お父さんの小さい頃からあった豆腐屋だからね。商店街もだいぶ変わってしまったなあ。昔からあったのは角のタバコ屋さんくらいだ。
女　あそこのスーパーも昔からあったの？
男　たしか昔は銭湯だったな。そうそう、ときどきお風呂上りに牛乳を買って飲んだよ。

質問：
1. 新しく建ったのはなんですか。
2. いまも商店街に残っている店はなんの店ですか。
3. スーパーのところに昔は何がありましたか。

録音内容と参考答案

4. 子供はなぜ喜んでいますか。
5. お父さんはどんなことを懐かしがっていますか。

★ テープをもう一度聞いて、会話の内容を日本語で叙述文でまとめなさい。

まとめの参考文

　豆腐屋が潰され、新しくできたのは、ハンバーガーショップだ。子供には喜ぶことだ。昔銭湯だったところはいまスーパーになった。昔からの古い店がどんどん消えていくのが、お父さんにとっては本当に寂しいことだ。

············ * ············ * ············ * ············ * ············

B

問題一　テープを聞いて、次の文を完成しなさい。外来語は片仮名で、その他は漢字で書き入れなさい。(テープは二回流します)(20点)

　日本では、就職の時期になると、どの大学のキャンパスでもネクタイにスーツ姿の学生を良く見かけます。普段は長髪を黄色に染め、ジーンズ姿の男子学生も、就職活動をする時は良い印象を得るために、必ず髪の形や服装を整えて、ビジネスマンになっても問題のないことを示します。日本では言葉が乱暴だったり、服装に無頓着な人は仕事も真面目にできる筈がないと思われることがあります。そのため、就職試験を受けるときの態度や服装は重要な採否決定の要素になります。第一印象を重んじる日本人に仕事などで始めて会う時や就職の面接を受ける時は、一般にジーンズなどの普段着を避け、男性は紺か灰色のスーツにネクタイ、女性もスーツが一般的です。また、コートを着たまま椅子に座ったり、足を組んだり無作法なことをすると、きっとマイナスになるので、このようなことをしないように注意してください。また、時間を厳守して人との約束を大切にする人が周囲の人々や取引相手から信頼されます。

問題二　テープを聞いて、抜けた言葉の意味を下線部に中国語で書き入れなさい。(テープは一回流します)(20点)

1. 文明生活に飽いた人たちは「自然に還れ」というような主張をする。
　　　　　　　　　　　　　　　　　　　　　　　　　　　回归自然
2. 経済発展につれて、世代間のギャップがだんだん深刻になってきた。代沟
3. 不景気が続くと、パート社員からリストラ、つまり減員される。　被裁员
4. 「石の上にも三年」のとおり、つらいことでも長い間辛抱すればいいことがあるという。　　　　　　　　　　　　　　　　　　　　功到自然成
5. 最近テレビゲームに夢中になる子供が増えてきたと言われている。着迷
6. 課長は言うべきことを一心不乱に練習しています。　　　　　　専心致志
7. 脳死問題となれば学者も安易な発言は出来ない。　　　　軽易発表意見
8. 情報化時代だけに乱れた用語や新造語などが広まるのも早い。
　　　　　　　　　　　　　　　　　　　　　　　　不规范用语和新词
9. 手持ちの現金では足りないかもしれないが、いざとなればクレジットカードを使うことができる。　　　　　　　　　　　　　　　使用信用卡
10. 健康保険に加入しているので、医療費のうちの3割しか自己負担しません。　　　　　　　　　　　　　　　　　　　　　本人只负担百分之三十

問題三　テープを聞いて、質問に答えなさい。

1　正しい答えを一つ選びなさい。(テープは一回流します)(8点)
(1番)
男　早く終わりのベルが鳴ってくれないかな。
女　ほんと。
男　もう腹ぺこぺこだよ。死にそう。

質問：男の人はどうしてベルが鳴るのを待ち望んでいるのですか。
　A　友達が待っているから。
　B　もう疲れたから。
　C　お中が空いたから。　○

録音内容と参考答案

D　死にそうだから。

(2番)
男　ただいま。
女　お帰りなさい。帰りが遅いわね。こんなに遅くまで毎晩何してんの?
男　いろんなつきあいがあるもんだからね。仕事も忙しいし。
女　明日は土曜日だから、早く帰れるんでしょ。
男　そんなことわからんよ。急に残業を頼まれるかもしれんし…。
女　あなた、明日はうちの子のサッカーの試合があるのよ。たまには見てやったらどうなの?
男　…
女　また知らんぷりして…。ほんとにいやになっちゃうわ。

質問:女の人はどうして怒ってるのですか。
　A　夫が毎晩飲んで帰ってくるから。
　B　夫が土・日も出勤するから。
　C　夫がサッカーの試合に出ているから。
　D　夫が自分の言うことを聞いてくれないから。　　○

2　テープの内容と合っているものに○、違っているものに×をつけなさい。(テープは一回流します)(12点)

(1番)
　　今年の春、地元の大学を卒業して大阪のデザイン会社に就職することが決まった。それで、引っ越しをすることになって、押し入れの中の物を整理していた。奥の方にあった箱のふたを開けると小学校の卒業文集が入っていた。題名は「将来なりたい職業」。
　　それは本当に自分が書いたものかと思うほど現実と違うものだった。もし夢が実現していたら、私はパン屋さんになっていたのだ。思わず笑ってしまった。一般的に子供がその職業にあこがれる理由は単純なことが多い。だから変わるのは当然だ。それに、大きくなるにしたがって、だんだん現実を見るようになるから夢を持ち続けることは難しいのだろう。
　　大人になることは夢がなくなることなのだろうか。子供のころの夢を実

現することは難しいかもしれない。でも、大きくなっても心のどこかに夢を持ち続けていきたいものだ。もしかしたら何年か後にパン屋を目指して頑張っている自分がいるかもしれない。

A　引越し準備の時に、小学校の卒業アルバム集が見つかった。　　×
B　子供の頃、自分の憧れた職業はパンやさんだった。　　○
C　夢は何と言っても一時的なものだ、長く続けられない。　　○
D　子供の頃の夢を実現するために、今でも頑張り続けている。　　×

(2番)
「良い癖」を身につけるにはどうしたらよいのか。例を挙げてみよう。
　私はかつて、ある研究所の所長の最も近いところで20年ほど働いたことがある。まだ20代の時から、所長と行動を共にし、出張などにも数え切れないほど同行させていただいた。そういった経験をとおして、私は所長自身の「良い癖」を勉強し、自分にできることはどんどん真似をするように心掛けたのである。
　「良い癖」を身につけるためには、私にとっての所長がそうであったように、「良い癖」を持つ人を身近で探すことである。そして、その人の「良い癖」を具体的に探し出し、それを学び実行するのである。これが最も効率よく「良い癖」を身につける方法であると言えよう。

A　筆者はある研究所の所長のそばで20年ほど仕事してきた。　　○
B　20代のころは、所長と共同で仕事する機会が少なかった。　　×
C　筆者は所長の「よい癖」ばかりを真似して勉強してきた。　　○
D　「よい癖」をもつ人を探すのは難しい。　　×

問題四　テープを聞いて、会話の内容を日本語で叙述文でまとめなさい。
　　　　（テープは二回流します）(20点)

女　海外旅行で、こわい目にあったことがありますか。
男　こわい目ですか。
女　ええ。

男　ありますよ。いろいろ。あれは去年のことなんですけど、ハイウェイをドライブしているときに、ヒッチハイクの若い二人連れを乗せたんです。そしたら、なんと、それ、追いはぎだったんですよ。
女　ええ！ それで？
男　ええ、ナイフを突きつけられて、あり金全部とられちゃったんです。
女　へええ。あやしいと思わなかったんですか。
男　とてもそういうふうには見えませんでしたからねえ。

まとめの参考文
男の人は去年海外旅行でこわい目にあった。ハイウェイをドライブしている時に二人の若者にヒッチハイクされ、車に乗せたところ、ナイフを突きつけられて、お金を全部奪われたという話だった。

第6課

A

一、テープを聞いて、次の文を完成しなさい。外来語は片仮名で、その他は漢字で書き入れなさい。

　　今、電車やバスの車内や、レストランなどでは、携帯電話の普及率の高さの割にはマナーがある程度ルール化され、トラブルも少なくなっているようです。静かな車内などで「ガハハッ！」と電話をするのは余りに目立つため、よほどの神経の持ち主でない限りひそひそ声で「今バスの車内だから」と話し、電車の場合にはそのまま出ないで切ってしまいます。マナーモードは職場でも定着し、それがほぼ当たり前となっているのです。
　　しかもこれはわずか数年のことで、これほどの勢いで増え続けた「移動式電話機」のルールとしては異常なほどのマナー定着と言えましょう！ 実際にこの携帯電話が普及し始めたころは揉め事が続出し、ひょっとしたら殺傷ざたさえもあろうかと気をもんだものですが、幸いそうした新聞記事は見ないで済んでいるようです。
　　これは、長年にわたり放置されてきた喫煙が、迷惑ばかりか、健康を害するということから禁煙・喫煙とやっと分けられ、ようやくこのマナー違反をす

る人が皆無となったのに比べ、とても早いマナー定着です。私はこれを大きな「ケータイのマナー効果」と言っているのです。

★　次の下線に適当な漢字を入れ、意味の通じる言葉にしなさい。

しんけい	神経	神速	神妙	神童	神殿
いじょう	異常	異論	異様	異体	異数
きじ	記事	記録	記述	記憶	記念
ほうち	放置	放任	放棄	放言	放出
きんえん	禁煙	禁物	禁止	禁固	禁酒

二、テープを聞いて、抜けた言葉の意味を下線部に中国語で書き入れなさい。

1. 多くの肥満は過食・偏食が定着した<u>ライフスタイル</u>の変化によるものと言えます。　　　　　　　　　　　　　　　　　　　　生活方式
2. 戦争のために、いかに多くの<u>尊い人命</u>が失われたことだろう。
　　　　　　　　　　　　　　　　　　　　　　　　　珍贵的生命
3. <u>三日坊主</u>の彼のことだから、どうせ長続きはしないだろう。
　　　　　　　　　　　　　　　　　　　　　　　　三天打鱼两天晒网
4. 現在中国において多くの企業は労働集約的な産業から<u>ハイテク産業</u>へ移動しつつあります。　　　　　　　　　　　　　　　　　高科技产业
5. 1人も通わぬような山奥に、<u>古びた洋館</u>がぽつんと一軒建っていた。
　　　　　　　　　　　　　　　　　　　　　　　　　古色古香的洋房
6. 彼は是が非でもこの資格を取ろうと決意し、<u>無我無中</u>で勉強に励んでいる。　　　　　　　　　　　　　　　　　　　　　　　　　　忘我
7. 昨日兄と喧嘩をしましたが、<u>頭を冷やして</u>よく考えると自分が間違っていたことがわかりました。　　　　　　　　　　　　　　　冷静下来
8. かれは<u>無断欠勤</u>したので、給料の支払いを半月分押さえられた。
　　　　　　　　　　　　　　　　　　　　　　　　　　　无故旷工
9. 核家族は家族同士の<u>価値観の衝突</u>が少なくて気楽だが、異なる世代との交流に欠けます。　　　　　　　　　　　　　価値观上的冲突较少
10. IT革命の進展で、新しい技術を使える若者と使えない高齢者との間に

録音内容と参考答案

格差が生まれてくると思われる。　　　　　　　　　产生差距

三、テープを聞いて、正しい答えを一つ選びなさい。

(1)
男　この中は一般の人も入れるんですか。
女　こちらは関係者以外は立ち入り禁止になっておりますので、申し訳ございません。

質問：この中にどんな人が入れますか。
　　A　一般の人。
　　B　未成年の者。
　　C　関係のある人。　　○
　　D　子供。

★　テープをもう一度聞いて、キーワートを探し出しなさい。
関係者以外

(2)
男　先輩は小学生のころは将来何になりたいと思っていたんですか。女の子だったらやっぱり花屋さんとか看護婦さんとかですか。
女　ううん。そういう一般的に女の子が憧れる職業じゃなくて、男の子が憧れる職業。
男　へえ。何ですか。
女　ちょっと恥ずかしいから。
男　いいじゃないですか。先輩、教えてくださいよ。
女　小学校の時に柔道を習っていて、そこに女性の警察官の人が練習に来てたの。制服もかっこよかったし、強かったし。それで、あこがれたのね。
男　へえ、そうだったんですか。
女　でも、柔道はあまり強くならなかったけどね。

質問：女性は小学生のころ、将来何になりたいと思っていましたか。
　　A　花屋さんです。

B　看護婦です。
　　C　柔道の選手です。
　　D　警察官です。　　○

★　テープをもう一度聞いて、質問に答えなさい。

1. 女の子が一般的に憧れる職業はなんですか。
2. 女の人は小学生の時、なにを習いましたか。
3. 女の人はなぜ警察官になりたかったのですか。

四、テープを聞いて、テープの内容と合っているものに○、違っているものに×をつけなさい。

(1)
　　人生にはいろいろな選択の場面がある。将来を決めるような重大な選択からちょっとした選択まで様々だ。同じ選択でも、真剣に悩んでしまう人もいれば、簡単に決めてしまう人もいる。うれしい選択もあれば、つらい選択もある。
　　ところで、選択肢がいろいろあると、かえって困ってしまうものだ。どれにするか迷ってしまって、自分で決められなくなったらどうするか。私が子供のころは、選ぶものを並べて、「どれにしようかな。神様と天神様の言うとおり」と言って決めたものだ。最後の「り」の時に指したものにするのだ。大人になってからもこんなやり方ですべてうまくいったらいいのだが。ときどきそう思うことがある。

　　A　同じ選択でも、人によって違う態度を示すことがある。　　○
　　B　選択肢が多いほど、楽しく決められる。　　　　　　　　×
　　C　筆者は子供のころ、何か自分でものを選ぶ時に、くじに任せていた。　○
　　D　子供のころの選択の仕方は今でも役に立つ。　　　　　　×

★　テープをもう一度聞いて、次の文を完成しなさい。

1. <u>将来を決めるような</u>重大な選択からちょっとした選択まで様々だ。

2. 真剣に悩んでしまう人もいれば、簡単に決めてしまう人もいる。
3. 私が子供のころは、選ぶものを並べて、「どれにしようかな。神様と天神様の言うとおり」と言って決めたものだ。

(2)
　　ポジティブであることですよね。私はいつも、「毎日が新しい始まり」だと思っているんです。誰にだって、うまくいかない時や、気分が落ち込んでしまう時があるんです。私だってそう。でも毎日が始まりだと思えば、昨日の失敗だってもう過去のこと。今日からまたスタートすればいいんです。だから何かを始めたいと思ったら躊躇はしません。既婚女性が自分のことを「ただの主婦だから」とか、年配の人が「もう年だから」とおっしゃるのを耳にしますが、生きることが楽しいと感じられるのは、興味を持てるものがあって、それにかかわることができるからこそ。それに勉強の世界はとても楽しいところなんですよ！私は人と会って話を聞くことを仕事にしてきたこともあるけれど、世の中にはそういう人もいるんだと知るだけでも、すごく勉強になるし、励まされます。

　　A　「毎日が新しい始まり」という考え方は前向きな姿勢だ。　　○
　　B　気分が落ち込む時は、過去の失敗や不快なことを忘れればいい。　　○
　　C　ただの主婦だから躊躇せず、勉強の世界の楽しさをあじわってほしい。
　　　　　　　　　　　　　　　　　　　　　　　　　　　　　　　　○
　　D　筆者は以前、人前で話す仕事をしていた。　　×

★　テープをもう一度聞いて、次の文を完成しなさい。

1. <u>ポジティブ</u>であることですよね。
2. だから何かを始めたいと思ったら<u>躊躇</u>はしません。
3. <u>既婚女性</u>が自分のことを「ただの主婦だから」とか、<u>年配の人</u>が「もう年だから」とおっしゃるのを耳にしますが。

五、テープを聞いて、次の質問に答えなさい。

男　いらっしゃい。

女　みかんを一箱買いたいんだけど、ちょっと味見させて。
男　はいよ。どうぞ食べてみて。甘くておいしいだろ？
女　そうね。じゃ、これ届けてちょうだい。大阪の親戚の家まで。
男　じゃ、この宅急便の用紙に記入してもらえるかな。
女　はい…これでいい？
男　夜間配達ご希望ですか。
女　夜間配達って？
男　このごろは奥さんも仕事に出ているところが多いから、昼間、だれも家にいないでしょ。だから、夜に配達してもらうんだよ。
女　なるほど。でも、それはいいわ。おばあちゃんが家にいるから。えーっと、それから、このすいかもちょうだい。
男　配達しますか。
女　いいえ、けっこうよ。車で来てるから。

質問：
1. 女の人が宅急便に頼んだ果物はなんですか。
2. その果物をどこに届けてもらいましたか。
3. 夜間配達とはなんですか。
4. 女の人はどうして夜間配達にしなかったのですか。
5. 女の人はついでに何を買いましたか。

★　テープをもう一度聞いて、会話の内容を日本語で叙述文でまとめなさい。

まとめの参考文
　女の人は、ミカンを一箱、宅急便で大阪の親戚のうちに届けるように、店の人に依頼した。親戚の家には年寄りのお婆ちゃんがいるから、別に夜間配達は必要でないと言った。車で来たので、ついでに西瓜を一つ買って帰ることにした。

          ·········· * ·········· * ·········· * ·········· * ··········
                                    B

問題一　テープを聞いて、次の文を完成しなさい。外来語は片仮名で、その
　　　　他は漢字で書き入れなさい。(テープは二回流します)(20点)

　高度成長期以後は、たとえばエンゲル係数というような量的基準では、日本人の食生活について計ることは難しくなっている。それは、量的には食べる量を減らすという一方で、「本当においしいものを食べよう」という人々の関心が高まっているからである。
　その1つが「グルメブーム」であろう。「グルメ」とは、「食通」を意味するフランス語であるが、これに「手づくり」や「本物」といった志向が重なり、空腹を満たすために食べるのではなく、楽しみながら食べるという考え方が当然のごとく現れている。
　たとえば、東京には世界中の美味珍味が集まり、テレビやラジオ・雑誌などでは「おいしい店」の記事が紹介され、贅沢で高価なレストランもごく普通のOLが、一種のファッションとして、おしゃれ着を買うような感覚で利用するようになり、一般の家庭でも、ステーキや刺身や天ぷらが特別の日でなくても食卓にのぼるようになった。しかし、そのことが日本人の食生活や食文化を本当に充実させているかどうかは定かでない。

問題二　テープを聞いて、抜けた言葉の意味を下線部に中国語で書き入れなさい。(テープは二回流します)(20点)

1. 旅行には小さいドライヤーを持っていくといいです。　　　　小吹风机
2. かれはまた道に迷ったって？まったく方向音痴なんですから。　　路盲
3. 政治家は元来国民のために働くものであって、功績を収めたとしても取り立てて褒め称えるにはあたらない。　　　　　　　　　　極力称赞
4. われわれの主な目標はトーナメントで決勝に進出することです。　淘汰赛
5. 挨拶の語を印刷しただけの年賀状は無味乾燥。　　　　　　　枯燥无味
6. これは酒によって本音を吐くと言うのです。　　　　　　　说出真心话

7. 今日は会社を休んだ人がたくさんいたので、目が回るほど忙しかった。
　　　　　　　　　　　　　　　　　　　　　　　　　　忙得晕头转向
8. 女傑と称される人も同様に、家庭の温かさを必要としています。
　　　　　　　　　　　　　　　　　　　　　　　　　　　　　女強人
9. 物を浪費しないシンプル・ライフを主張し、簡素な生活を実行している人たちも出てきた。　　　　　　　　　　　　　　　　朴素的生活
10. ちかごろは小学生まで塾に通っているそうですが、もっと自由に遊ばせるべきだと思います。　　　　　　　　　連小学生都上课外补习班

問題三　テープを聞いて、質問に答えなさい。

1　正しい答えを一つ選びなさい。(テープは一回流します)(8点)
(1番)
女　今日はゆっくり休んでください。あしたの予定はもうお決まりですか。
　　何もなければ、あしたは私にニューヨークを案内させてください。
男　そうですか。忙しいのに悪いですね。

質問：男の人は明日何をしますか。
　A　ゆっくり休む。
　B　予定を決める。
　C　ニューヨークを案内する。
　D　ニューヨークを見物する。　　〇

(2番)
女　きのうこれを買ったんですが、後で見たらほしかったものと色が違ったんです。別の色のと取り替えることができますか。
男　レシートはお持ちですか。
女　あのう、レシートがないとだめですか。
男　申し訳ございませんが、レシートがないとお取替えはできないんです。
女　ちょっと待ってください。探してみます。
　　あ、ありました。それで、別の色で、できれば違うサイズのものと取り替えることができますか。

男　はい、できますよ。どれがよろしいですか。

質問：女の人はなぜ品物を取り替えたかったのですか。
 A　サイズを間違えたから。
 B　色を間違えたから。　　〇
 C　値段が高かったから。
 D　質が悪かったから。

2　テープの内容と合っているものに〇、違っているものに×をつけなさい。(テープは一回流します)(12点)

(1番)
 他にもやりたいことはいろいろありますよ。子供服のデザインとか、自分が身につけたいものをデザインしたりとか。自分でやりたいことを次々と開拓して、楽しまないと損。挫折したら…なんて考えずにとりあえずチャレンジしてみよう、と思っています。人生は短いから、ぐずぐず止まってるヒマはないしね。あと、やりたいことがあったら、本を読むのもいいけど、本当は、実際にやってる人から話を聞くことが一番だと思うんです。わからないことがあったら、その場ですぐ質問できるし。疑問に思ったことを質問することは、全然恥ずかしくないですよ。それと、思いついたらまず、「自分は〜がやりたい！」って宣言しちゃうこと。そうすると、エンジンがかかって前に進めますよ。

 A　やりたいことをできるだけ絞って取り組んだほうがいい。　　　　×
 B　人生は楽しまないと損である。　　　　　　　　　　　　　　　×
 C　何かやりたいことがあったら、まず、本を読んでから、実際やっている人に聞いたほうがいい。　　　　　　　　　　　　　　　　　　　　　×
 D　やりたいことは、まず、言葉に出して言ってしまうと、やる気になる。〇

(2番)
 物の報酬は、初めは非常にやる気を刺激してくれるが、それが続くと効果がだんだん弱まる。その刺激に慣れてしまうからだ。やる気を出すために、より大きい報酬を求めるようになる。それよりも精神的な報酬のほうが効

果的だ。小さなことでもほめられると、満足感をより強く、より長く持つことができる。そして「もっとできるはずだ」という自信につながる。しかられて、「よし、次は頑張ろう！」とやる気を出す人もいるが、たいていは、しかられることによるマイナス効果のほうがプラス効果より大きいものだ。だから、いくらしかっても効果がないのなら、たまにはその人をほめてあげてみたらどうだろうか。

A　やる気を出させるには、相手のほしいものを与えるべきだ。　　×
B　やる気を出させるには、ほめたほうがいい。　　　　　　　　○
C　人間は一度満足感を与えられると、やる気がなくなってしまう。　×
D　叱られることによるプラス効果もある。　　　　　　　　　　○

問題四　テープを聞いて、会話の内容を日本語で叙述文でまとめなさい。（テープは二回流します）(20点)

女　今日からお母さんは旅行に行くからね、お留守番、お願いね。
男　大丈夫だよ。心配いらないよ。
女　ワンちゃんのお世話も忘れないでね。
男　えさをやればいいんだろ。
女　えさは冷蔵庫の二段目に入れてあるからね、朝と晩の2回に分けてね、ちゃんとやるのよ。
男　うん、わかった。
女　それからね、散歩にも連れて行ってやりなさい。
男　わかってるよ。
女　それから、みんなの晩ごはんはね、冷蔵庫の一番上に肉が入っているし、それに…。
男　いいからいいから。早く行ってらっしゃい。

まとめの参考文
　お母さんは旅行に行く前に、ほっとけなさそうに留守番を頼んだ息子に犬の世話や、みんなの食事などいろいろ言いつけた。しかし、息子はあまり聞きたくなさそうに、お母さんと別れのあいさつをした。

録音内容と参考答案

第7課

A

一、テープを聞いて、次の文を完成しなさい。外来語は片仮名で、その他は漢字で書き入れなさい。

　昔、人々は1年を2期に分けて考えており、その始まりは正月と盆でした。人々は期の始まりに、贈答品を持って「今後もよろしく」と挨拶回りに走る。もしくは挨拶の集いに参加しました。江戸時代では、武家仲間から親戚関係、ご近所などの家を、なんと元旦から1月末まで毎日回り続ける人もいたそうです。身分の高い人は訪問を受け、低い人は訪問回りする役でした。しかし、さすがに遠方のお宅には訪問することができないので、江戸時代の身分のある人々は飛脚便などを使って書状や贈り物を届けました。
　これらの習慣が明治6年に日本のハガキ郵便配達が始まったのを機に、遠方以外の人にも挨拶状を送る習慣が広まっていきました。年賀郵便の制度は明治39年に始まり、昭和24年にはお年玉つきはがきが発売され、年賀状の普及に拍車をかけました。一方、暑中見舞いハガキを送る習慣が広まったのは大正時代のようです。
　近年は家庭でのパソコンやプリンタ、デジカメなどの普及率も上がり、予め印刷された絵ハガキを使わずオリジナルの年賀状や暑中見舞いを作って送る人が増えたようです。また、全て印刷ではなく一言手書きのメッセージを添えてあるのをよく見かけます。やはり送る人全てに同じものを送ったのでは、心が伝わらないからなのでしょう。

★　次の下線に適当な漢字を入れ、意味の通じる言葉にしなさい。

ぞう<u>とう</u>	贈答	回答	応答	解答	返答
<u>しょ</u>じょう	書状	書類	書物	書道	書体
はい<u>たつ</u>	配達	配慮	配給	配偶	配列
はく<u>しゃ</u>	拍車	汽車	列車	乗車	発車
<u>て</u>がき	手書き	手作り	手入れ	手編み	手引き

二、テープを聞いて、抜けた言葉の意味を下線部に中国語で書き入れなさい。

1. あの灰色ビジネスマンのそういう話が聞けて、実はほっとしたのです。
　　　　　　　　　　　　　　　　　　　　　　　　　　灰领阶层
2. 質素で、落ち着いた雰囲気を求めるのは、日本人独特の美意識です。
　　　　　　　　　　　　　　　　　　　　　　　　独特的审美意识
3. あの二人はとっくに仮面夫婦になり、子供のために離婚しないだけです。
　　　　　　　　　　　　　　　　　　　　　　　　同床异梦的夫妇
4. バリアフリーとは「身体の不自由な人が日常生活をするのに邪魔なものを取り除いた」の意味である。　　　　　　无障碍设施
5. 彼女はそんな厳しい批評をされても、しょんぼりするでもなく、いつものように淡々としていた。　　　　　　　　毫不气馁
6. あの二人はお互いに強いライバル心を燃やし合っています。　　竞争意识
7. まさかあの二人はぐるになっているのでしょうか。　　　　　一丘之貉
8. 彼は真面目一方の人で、よく言えば仕事一筋の人ですが、融通の利かないところが難点です。　　　　　　　　　死心眼儿
9. 余計なお節介だと思われるかも知れませんが、友達ですから言わずにいられません。　　　　　　　　　　　　　多管闲事
10. ラジオから流れてくる日本の民謡を聞くこともせずに聞いていると、何だか懐かしい気分になった。　　　　　　无意间听到

三、テープを聞いて、正しい答えを一つ選びなさい。

(1)
男　ぼく、日本料理は好きだけど、刺身だけはちょっとね。
女　私もいっしょよ。

質問：女の人はどんな日本料理が好きですか。
　A　男の人と同じく、刺身がすきです。
　B　男の人と違って、刺身がすきです。
　C　刺身以外の日本料理が好きです。　　○

録音内容と参考答案

D　日本料理なら、何でも好きです。

★　テープをもう一度聞いて、キーワードを探し出しなさい。
　刺身だけ　　刺身以外

(2)
男　先生、ここに書いてある「アメとムチ」というのはどういう意味ですか。
女　ああ、「アメとムチ」ですか。使い方を説明しますね。例えば、会社だったら、社員にやる気を出させるためにはアメだけでもだめだし、ムチだけでもだめで、やっぱり「アメとムチ」の両方が必要だなあなどと使いますよ。
男　アメはあの甘いお菓子でしょう。ムチは何ですか。
女　ほら、馬を早く走らせる時に、おしりをたたく物があるでしょう。あれがムチですよ。
男　なるほど。甘く優しい言葉だけじゃなくて、厳しい言葉も必要だということですね。
女　ええ、そうです。もちろん、言葉だけじゃありませんけどね。
男　よくわかりました。どうもありがとうございました。

質問:「アメとムチ」というのは何ですか。
　　A　優しさと厳しさです。　　　○
　　B　優しさと忍耐です。
　　C　甘やかすことと叱ることです。
　　D　手助けすることと自分でやらせることです。

★　テープをもう一度聞いて、質問に答えなさい。

1.「アメとムチ」の漢字がかけますか。
2.「アメ」はどんなものですか。
3.「ムチ」はどういうときに使うものですか。

四、テープを聞いて、テープの内容と合っているものに○、違っているものに×をつけなさい。

(1)
玄関は建物の正式な出入り口。木造の和風の家の場合、客は玄関の引き戸

の前で来意を告げ、引き戸を開けて中に入る。そこで家人と挨拶した後、靴を脱いで一段高い板敷きに上がり、奥の客間へと通される。

　もともと「玄関」は禅宗寺院の入り口を指す言葉だった。しかし、そこには厳しい禅の道への入り口という意味も込められており、修行僧たちは、入門の第一歩をしるす場所として、玄関を重んじたという。その後は、庶民まで普及していった。

　現代でも玄関は家の中でも最も格が高く、神聖な場所とされている。家の内と外を区切る境界でもある玄関は、いわば家の顔。花や置物を飾って、あれこれ演出するのもそのためだ。大切な場所だから決まり事も多い。

　　A　玄関はお客を迎えたり挨拶したりするところだ。　　　　　　○
　　B　「玄関」はもともと神社の入り口を指す言葉だった。　　　　×
　　C　今でも玄関は家の中で一番神聖な所と見られている。　　　　○
　　D　玄関を花や置物で飾るのは、そこが家の顔だからだ。　　　　○

★　テープをもう一度聞いて、次の文を完成しなさい。

1. 靴を脱いで一段高い板敷きに上がり、奥の客間へと通される。
2. もともと「玄関」は禅宗寺院の入り口を指す言葉だった。
3. 家の内と外を区切る境界でもある玄関は、いわば家の顔。

(2)
　日本では、交通上、絶対に歩行者優先だ。でもこちらではどちらが優先なのかわからない。横断歩道もあまりないこの国で、人が道を渡るには、渋滞で車がとまったときしかない。唯一のチャンスとばかりに、人々は車のあいだを縫うように渡っていく。そのあいだ、車のほうは、止まっているようすもなく、前が動けばうしろも動く。見ていて非常にハラハラするのだが、彼らにとっては、十分な判断力の下で動いているのかもしれない。

　また、こちらの車はよくクラクションを鳴らす。それはほかの車や人に対しての自己表示なので、人のうしろから鳴らしたり、路地からいきなり出てきた車に「出てくるな!」とでもいうように鳴らしたり、車線変更のために寄っ

てきた車を追い払うかのように鳴らすのだ。これらのことも彼らにとっては、お互いに理解しあった判断なのかもしれない。そう割り切って考えれば、簡単なことだ。

  A 日本は場合によって歩行者優先だ。   ×
  B この国でも人々はうまく道を渡っている。   ○
  C この国では運転手は気嫌がいい時にクラクションを鳴らす。 ×
  D この国の交通状態に慣れれば、別におかしいとは思わない。 ○

★ テープをもう一度聞いて、次の文を完成しなさい。

1. <u>横断歩道もあまりない</u>この国で、人が道を渡るには、渋滞で車がとまったときしかない。
2. 彼らにとっては、<u>十分な判断力の下で</u>動いているのかもしれない。
3. <u>車線変更のために</u>寄ってきた車を追い払うかのように鳴らすのだ。

五、テープを聞いて、次の質問に答えなさい。

女 こんにちは。ちょっと、すみません。今、何時でしょうか。
男 ああ、そうだな。もうそろそろお昼だな。あと2、30分で。
女 そうですか。でも、失礼ですが、時計も見ないで分かるんですか。
男 はははは。町から来る人はみんなそう言うなあ。だが、分かるんだよ、間違いなく。
女 へえ、でもどうして。
男 今の季節なら、ほら、あそこに大きな木が見えるだろ。
女 ええ、あの山の上ですね。
男 あの上に太陽が来た時がだいたい12時なんだよ。
女 なるほど、そういうわけだったんですか。でも、晴れた日ばかりじゃないでしょ。天気の悪い日はどうするんですか。
男 昔から畑に出る時には時計を持たない生活をしているがね。今ぐらいのおなかのすき方なら、あと2、30分でお昼だよ。
女 ああ、なるほど。腹時計だったんですね。

質問：
1. 女の人はどこからきたのですか。
2. 女の人は男の人になにを聞きましたか。
3. 男の人は時計を持っていますか。
4. 晴れた日にはどんな方法で時間を判断するのですか。
5. 天気の悪い日にはどんな方法で時間を判断するのですか。

★ テープをもう一度聞いて、会話の内容を日本語で叙述文でまとめなさい。

まとめの参考文
　男の人は田舎の生活に慣れているから、時計を見なくても時間が分かる。晴れた日には太陽の位置で時間を判断することができるが、天気の悪い日には、おなかのすき方で、もうすぐお昼だとわかるのだ。

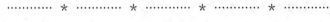

B

問題一　テープを聞いて、次の文を完成しなさい。外来語は片仮名で、その他は漢字で書き入れなさい。(テープは二回流します)(20点)

　風呂は日本人の日課であり、一日の疲れを癒すのに欠かせません。海外ではシャワーのみで、浴槽内で体を洗う国が多いようですが、日本人は湯につかるのが習慣です。そのため、海外のホテルに日本人の団体旅行客が泊まりに来た際、湯の供給が追いつかなくなったという話も聞くほどです。反対に、日本を訪れた外国人が、一般家庭の風呂では家族皆同じ湯を使う習慣を知らず、入浴後風呂の栓を抜いてしまうこともあるようです。
　また風呂は娯楽でもあります。全国に数千余りある温泉のヒノキ風呂や打たせ湯、石風呂など様々な種類の風呂を集めた施設は人気があります。人々は風呂に浸かりながら親しい友人や家族と談笑し、時には酒を飲み、良い気分になります。
　人生の最初の沐浴「もくよく」は産湯であり、死後は湯灌「ゆかん」によって

清められます。この他、平安以降の公家などは、引越しや婚儀、病気が回復したり新年を迎えた際などに決まって入浴しました。宗教的、文化的通過儀礼としても湯を浴びることは、日本人にとって重要視されてきたようです。

問題二　テープを聞いて、抜けた言葉の意味を下線部に中国語で書き入れなさい。（テープは一回流します）(20点)

1. いろいろなところに目配りできることが、私のセールスポイントです。
　　　　　　　　　　　　　　　　　　　　　　　　　　　　　推销要领
2. あの子は寝相が悪くて、よくベッドから落ちるんですよ。　　睡相不好
3. 関東平野に雪が降って見わたすかぎり真っ白になった。　　　一望无际
4. 彼女はバレンタインデーにいつもたくさんの義理のチョコレートを配っていました。
　　　　　　　　　　　　　　　　　　　　　　　　　　　　　人情巧克力
5. このように山紫水明に囲まれた地に住んだら、きっと長生きするだろう。
　　　　　　　　　　　　　　　　　　　　　　　　　　　　　山清水秀
6. わたしは彼女がもうあそこの会社で働いていないと小耳に挟んだ。
　　　　　　　　　　　　　　　　　　　　　　　　　　　　　偶然听说
7. 駅のコインロッカーには大きなトランクも収められます。　投币式存放柜
8. わが家には家庭菜園があるので、野菜だけは自給自足でまかなっている。
　　　　　　　　　　　　　　　　　　　　　　　　　　　　　自給自足
9. 去年、体調を崩し、あまり外出しなかったせいか、今年になってから、めっきりと足の力が衰えた。
　　　　　　　　　　　　　　　　　　　　　　　　　　　　　健康状況不佳
10. どこの馬の骨かわからない奴の言葉が信じられるはずがない。
　　　　　　　　　　　　　　　　　　　　　　　　　　　　　来历不明的家伙

問題三　テープを聞いて、質問に答えなさい。

1　正しい答えを一つ選びなさい。（テープは一回流します）(8点)

(1番)
男　この日曜日はいつもより混んでいたと思わない。
女　そうねえ。祝日と重なっていたからじゃない。来週はいいんじゃないかしら。

質問：女の人は来週どうなると思っていますか。
  A 今週より混むと思っています。
  B 今週よりすこし混むと思っています。
  C 今週ほど混まないと思っています。　　○
  D 今週ほど空いていないと思っています。

(2番)
女　これ、大きくておいしそうななしですね。
男　そうでしょう。とても味がいいんですよ。新しい種類のなしなんです。
女　えー、値段も高いでしょう。
男　え、ま、まだ珍しいから。
女　いくらぐらいですか。
男　普通のは100円から150円ぐらいですよ。ね、ま、それの3倍ぐらいです。
女　ちょっと高いんじゃない？
男　ええ、そのうち、もうすこし安くできるようになると思いますけどね。

質問：新しい種類のなしはいくらぐらいでしょうか。
  A 800円ぐらい。
  B 400円ぐらい。　　○
  C 150円ぐらい。
  D 100円ぐらい。

2　テープの内容と合っているものに○、違っているものに×をつけなさい。(テープは一回流します)(12点)
(1番)
　　わたしにとって、小旅行の条件は、「移動時間が短く(4時間くらいまで)、日常と違う環境にて楽しく一夜を過ごせること」そして、2人の小さい子どもがいるので「子どもにとってもうれしい場所」となります。たとえば、ちょっと近くのおしゃれなホテルに宿泊といっても、自宅より狭い部屋では窮屈ですし、「静かな温泉」に引かれても子どもが騒ぐことに気を使うようでは、結局休まりません。旅先はインターネットで検索して探すことが多いですから、

サイトを見たら、広さ、間取り、設備、周辺情報、食事、などなどが詳しく写真入りで表示されていないと困ります。それに、できたら、宿泊客の声が掲載されているといいです。すべてを信じるわけではありませんが、ないよりはあったほうがいいと思います。

A　この人の小旅行の条件は3時間以内の距離だ。　　　　　　　　○
B　子供がいるので違う環境で過ごすのは楽しくない。　　　　　　×
C　子供が騒ぐから静かな温泉に連れていっても休まらない。　　　○
D　この人はよくインターネットで旅行先の様子を調べておく。　　○

(2番)
今日の「おはよう」は「お早くから、ご苦労様でございます」などの略だと言われています。それは朝から働く人に向かって言ういたわりの言葉でした。「こんにちは」は「今日は、ご機嫌いかがですか」などの略で、お昼に初めて出会った人の体調や心境を気遣っていました。「こんばんは」は「今晩は良い晩ですね」などの略だと言われます。また、「さようなら」は「左様ならば」の略のようです。「それならば私はこれで失礼いたします」のような意味の言葉になるのかもしれませんが、本来の意味は定かではありません。いつ頃からこれらの挨拶語が定着したのかははっきりしませんが、江戸時代の書物には「おはよう(ございます)」の表記がちらほら見られます。

A　「おはよう」は朝から仕事する人に対するあいさつです。　　　○
B　「こんにちは」は「お元気ですか」の略語です。　　　　　　　○
C　「こんばんは」は「今晩は長い晩ですね」という略です。　　　×
D　これらの挨拶語は江戸時代には一般的に使われていました。　　×

問題四　テープを聞いて、会話の内容を日本語で叙述文でまとめなさい。
　　　　(テープは二回流します)(20点)

女　すみません。さっき、ここに傘を忘れちゃったんですけど、届いていませんか。
男　どんな傘でしょうか。

女　グリーンの傘です。
男　これでしょうか。
女　いいえ、違います。こんな小さい傘じゃなくて、もっと大きくて、あっ、そう、縁のところに黄色の小さい花がついています。
男　じゃ、ちょっと待ってください。奥にあるのを見てきます。これですか。
女　違います。柄のほうがこんなに曲がっていなくて、丸いのですが。
男　じゃ、もう一度見てきますね。これですか。
女　そうです。これです。ああ、見つかってよかった。どうもありがとうございました。

まとめの参考文
　女の人が忘れた傘はグリーン色で、縁のところに黄色の小さい花がついていて、柄のほうが丸くなっている大きい傘なのだ。

第8課

A

一、テープを聞いて、次の文を完成しなさい。外来語は片仮名で、その他は漢字で書き入れなさい。

　「お金のために働くのはよそう」と言うと、「そんなこと言っちゃいられない」なんて声が返ってきそうですが、私は「お金から自由になろう！」と声を大にして言いたいのです。（略）
　一般に「お金を絶対的なもの」と信じ込んでいる人ほど、お金に対する不安を強く抱きがちで、どんどんストレスを大きくする傾向が見られます。不安になるたびに、もっとお金があれば安心できるのでは…という幻想を抱くせいです。
　お金に対するあなたの意識は、あなたの生き方を象徴しているんですね。人生においてお金が最強なのではなくて、あなたの意識が「お金の価値」も、また「お金の流れ」も決めているということを知りましょう。
　現に不安は、お金があれば消せるというものではありません。病気や貧困を恐れない人生や、愛されて幸せに暮らす人生は、むしろお金にすがらない

意識が作り上げていくものです。

　あなたはいつだって、収入に関係なく、幸せにもなれるし、楽しく働くこともできます。お金にまつわる不安を解き放って人生から暗いイメージを取り除くことができれば、結果として、お金のめぐりもよくなって幸せに生きられるようになるんです。（略）

　気がつけば、ポジティブなエネルギーの流れの中で、あなたに同調して楽しく働いて人生を送りたいという仲間たちに支えられ、人望も業績も、それに見合うお金もめぐっているようになるでしょう。

★　次の下線に適当な漢字を入れ、意味の通じる言葉にしなさい。

ぜったい	絶対	絶句	絶景	絶筆	絶唱
げんそう	幻想	幻滅	幻視	幻覚	幻惑
しゅうにゅう	収入	収穫	収録	収得	収納
けっか	結果	結婚	結局	結晶	結氷
じんぼう	人望	名望	気望	絶望	失望

二、テープを聞いて、抜けた言葉の意味を下線部に中国語で書き入れなさい。

1. かれには世界選手権に、もう何回も参加した経験があります。
　　　　　　　　　　　　　　　　　　　　　　　　世界锦标赛
2. 場所といえば、インフォメーションがわかりやすくていいですね。问讯处
3. 一番難しい接待は、傷ついた信頼関係を直すためのものである。
　　　　　　　　　　　　　　　　　　　　　　　　信赖关系
4. 先生に言われたことを肝に銘じておきたいです。　　銘記在心
5. 彼は八方美人なので、気を許すことができない。　　八面玲珑
6. 何もしなくても問題が自然消滅するわけがないのです。自然消灭
7. 最近スーパーでもいろんなおかずを売っているし、手軽に買えるから、手がかからなくなった。　　　　　　　　　　　　很容易买到
8. 彼女はプロのモデルになったつもりで、いろいろなポーズをとった。
　　　　　　　　　　　　　　　　　　　　　　　　摆姿势

9. 本日の中心テーマは教育現場における「いじめ問題」ですので、できるだけ本題から外れないようにお願いします。　　　不要偏离正题
10. 日差しを照り返して、焼け付くようなアスファルトを歩くのは大変だ。
　　　　　　　　　　　　　　　　　　　　　　　焼焦般的柏油路

三、テープを聞いて、正しい答えを一つ選びなさい。

(1)
女　渡辺先生の授業って、いつも面白いよね。
男　うん、話がすぐ脱線するところがいいよね。

質問：渡辺先生の授業の特徴はなんでしょう。
　A　いつもなまっていること。
　B　話がよくそれること。　　○
　C　話がとても早いこと。
　D　話がすぐ難しくなること。

★　テープをもう一度聞いて、キーワートを探し出しなさい。
　　脱線する　それる

(2)
男　もしもし、澤田先生のお宅でしょうか。
女　はい、そうです。
男　わたし、留学生のリンですが…。
女　あいにく、主人は学会に出かけておりまして…。
男　そうですか。あの、澤田先生に大変お世話になっていまして…。
女　ああ、そうなんですか。
男　ええ、おかげさまで新しい仕事が決まりました。澤田先生にお伝えしたくて電話したんですが。
女　そうですか。それはよかったですね。おめでとうございます。主人に伝えますよ。
男　ええ、それで、あの、一度私のアパートへおいでくださいませんか。お口

に合うかどうかわかりませんが、国の料理を作りたいと思いますので。奥様も是非いらしてください。
女　そうですか。ありがとうございます。主人が戻りましたら、お伝えしますね。

質問：男の人はなんのために電話をかけましたか。
　A　学会の連絡。
　B　就職の相談。
　C　帰国の連絡。
　D　先生を誘う。　　○

★　テープをもう一度聞いて、質問に答えなさい。

1. 女の人は澤田先生とどんな関係ですか。
2. 澤田先生はどこにでかけていますか。
3. 男の人は何のために先生をさそいましたか。

四、テープを聞いて、テープの内容と合っているものに○、違っているものに×をつけなさい。

(1)
　先日、バスに乗ったときのことです。途中の停留所から私と同じくらいの年齢と思われる老婦人が乗ってきたのですが、あいにく空席がなく、座ることができませんでした。席を譲ろうという人は誰もいません。しばらくして、立っている老婦人に気がついた中年の女性が遠くの方から声をかけ、笑顔で「どうぞ」と席を譲りました。すると、老婦人は礼を言いながらあたりを見回し、「若い人は誰も譲ろうとしないんだから」と怒ったように言って座りました。まわりはシーンとなり、バスの中はちょっといやな雰囲気になりました。
　私は、そのようなことは心で思っても口に出すべきではないのにと、同年代の者として恥ずかしく思いました。しかし、よく考えると、私も「年寄りに親切にするのはあたりまえじゃないか」という気持ちを態度に表したことがあるのかもしれません。自分のしていることは案外気がつかないものです。

私も気をつけなければと思わせられるバスの中での出来事でした。

A　バスに乗ってきた老婦人がすぐ席を譲ってもらった。　　　　×
B　老婦人は文句を言ってから坐った。　　　　　　　　　　　　○
C　その老婦人の態度を恥ずかしいと私は思う。　　　　　　　　○
D　私は今まで老婦人のような気持ちを態度に表した覚えがない。×

★　テープをもう一度聞いて、次の文を完成しなさい。

1. あいにく<u>空席がなく</u>、座ることができませんでした。
2. まわりはシーンとなり、バスの中は<u>ちょっといやな雰囲気</u>になりました。
3. <u>同年代の者</u>として恥ずかしく思いました。

(2)
　日本では、歯ブラシと同じように、たとえ家族でも、はしの共用は避けようとします。そこで、各自が自分専用のはしを持つようになります。また、料理を取り分けるときは、取りばしと呼ぶ別のはしを使うか、自分のはしの上下をひっくり返して使いますし、客には割りばしを出します。割りばしは使い捨てだから資源の無駄遣いだとよく非難されますが、飲食店での使用は減りません。これは、はしを他人と共用したくないという気持ちがあるからだと思われます。ご飯茶碗や湯飲み茶碗も、大抵の家では、各自のものが決まっています。色や柄を揃えた2点セットの茶碗やはしを夫婦茶碗や夫婦ばしと呼びます。大小あるのが特徴で、大きいのが夫用、小さいのが妻用とされています。

A　普通は各自専用の箸を使うのだが、お客が来たらみんな割り箸を使う。
　　　　　　　　　　　　　　　　　　　　　　　　　　　　　　　×
B　取りばしは、みんなで使える箸のことだ。　　　　　　　　　　○
C　割り箸の使用は環境によくないから、それを利用する店が少なくなってきた。　　　　　　　　　　　　　　　　　　　　　　　　　×
D　夫婦茶碗や夫婦ばしは、その柄や大きさで決められている。　　×

録音内容と参考答案

★ テープをもう一度聞いて、次の文を完成しなさい。

1. 日本では、歯ブラシと同じように、たとえ家族でも、はしの共用は避けようとします。
2. 割りばしは使い捨てだから資源の無駄遣いだとよく非難されますが。
3. 色や柄を揃えた2点セットの茶碗やはしを夫婦茶碗や夫婦ばしと呼びます。

五、テープを聞いて、次の質問に答えなさい。

男　いらっしゃいませ。
女　娘の高校進学のお祝いにパソコンをかってやりたいと思っているんですが、適当なものはありませんか。
男　それはおめでとうございます。それで、ご予算はいくらぐらいでしょうか。
女　できれば、20万円程度に抑えたいんですが…。
男　なにかご希望の機種がございますか。
女　子供部屋が狭いので、大きいパソコンを置くスペースがないんです。
男　でしたら、ノートブック型のパソコンがよろしいでしょうね。持ち運びにも便利ですから。
女　じゃ、そのパソコンを見せてください。
男　はい、じゃ、こちらにどうぞ。これらはワープロ、インターネット、メールといった普段よく使うソフトがセットでついていて、買って帰ったその日から、すぐお使いになれます。

質問：
1. 女の人は何のためにパソコンを買うのですか。
2. 予算はどのぐらいですか。
3. どんな機種を買いたいと思っていますか。
4. すすめられたのはどんなパソコンですか。
5. そのパソコンのいいところはなんですか。

★ テープをもう一度聞いて、会話の内容を日本語で叙述文でまとめなさい。

まとめの参考文

女の人は娘の高校進学のお祝いに、20万円程度で、コンパクトなパソコンを探している。店の人は、持ち運びに便利で、そして普段よく使うソフトがセットになっているノートブック型のパソコンをすすめた。

············ * ············ * ············ * ············ * ············

B

問題一　テープを聞いて、次の文を完成しなさい。外来語は片仮名で、その他は漢字で書き入れなさい。(テープは二回流します)(20点)

　日本人は退社時間になってもその日にしなければならない仕事が残っていれば、帰宅せず、仕事を続けます。この「残業」は世界でも有名なほど長時間だそうです。あるアメリカの女性記者は日本人の残業ぶりを観察してこう言ったそうです。「日本人の残業は本当に不思議ですね。必要な残業もあれば、勤務時間内にできる仕事なのに、わざわざ残業に回して、5時になってから、忙しそうにするのを見かけたことがあります。更に甚だしい時は、残業する仕事がなくても、書類の片付けなどと称して、ぐずぐずと事務室に残り、同僚の仕事が終わるのを待っていることがあります。これはどうしてでしょう。」

　日本人は団体に同調し、自分勝手な人と思われないように常に他人の目を気遣っているのです。不必要な残業をしようというのはこのような意識を反映しているからでしょう。

　日本人のそういった意識はビジネスのやり方にも反映されています。例えば、新しく就任した社長は就任メッセージをする時、自己主張をあまりアピールしません。こんな社長ならアメリカでは無能な人と見なされるかもしれませんが、日本では会社全員の信頼を受けてから、自分の改善方針を少しずつ古いものと入れ替えるそうです。

問題二　テープを聞いて、抜けた言葉の意味を下線部に中国語で書き入れなさい。(テープは一回流します)(20点)

1. 旅行代理店に勤める山田さんは、次のようなツアーを企画した。　旅行社
2. 有名な東京タワーは東京のシンボルだと言われている。　　　東京的象征
3. 私の姉は貧乏な画家と結婚しました。でも、とても幸せそうです。
　　　　　　　　　　　　　　　　　　　　　　　　　　　　　　穷画家
4. あの白っぽいセーターを着ている人は日本語の先生ですよ。　发白的毛衣
5. 彼は口が軽いから知らせると秘密が漏れる恐れがあります。　嘴快
6. すべての親は、子供の無事息災を祈っているものである。　　平安健康
7. 別れの時の先生の言葉は今でも心に刻まれています。　　　　铭刻在心
8. 毎年、花火大会の日をみんなが、首を長くして待っています。　盼望着
9. 君、「郷に入っては郷に従え」ということわざの意味がわかる？　入乡随俗
10. 勉強や仕事を忘れて、秋晴れの青空の下で、のんびりと一日を過ごすのは、素晴らしいことです。　　在秋高气爽晴空万里下悠闲地度过一天

問題三　テープを聞いて、質問に答えなさい。

1　正しい答えを一つ選びなさい。(テープは一回流します)(8点)
(1番)
男　すみません。ロビーで食事をしてもかまいませんか。
女　申し訳ございませんが、図書館内での飲食はご遠慮ください。外の食堂をご利用ください。

質問：図書館内での飲食はどうですか。
　A　大丈夫だ。
　B　だめだ。　　○
　C　不便だ。
　D　時間がかかる。

(2番)
男　誰からの電話だ。
女　おばあちゃんから。転んで怪我をしたんですって。
男　病院へ行ったのか。
女　ううん、これから。車でおくってくれないかって。
男　おれはこれから仕事だから、良子は今日休みだろう。
女　ええ、車で迎えに行かせます。

質問：お父さんとお母さんの会話です。車でだれを送りますか。
　A　おばあさん。　　○
　B　お母さん。
　C　お父さん。
　D　良子。

2　テープの内容と合っているものに○、違っているものに×をつけなさい。(テープは一回流します)(12点)
(1番)
　日常生活が便利で快適になること自体はいいことだ。だれも毎日、薪でご飯をたこうとは思わないし、早く鉛筆が削れれば、仕事の能率が上がる。私たちの毎日の生活は、この便利さと快適さを基盤として、その上に築かれている。実際、多くの貴重な業績が、この土台の上に成り立ってもいる。
　便利さと快適さの例は、最近の住居にも見られる。冷暖房完備の高級住宅に住んでいるある建築家の話なのだが、生活はまことに快適なのに、あんまり現実の生活に「ひっかかり」がなさすぎて、たまらなくなる。週末にはどうしても野山に出掛けて、わざとしちめんどうくさい暮らしをして、生きているしるしをつかみたくなる。土曜日、日曜日だけでも、薪割りをする生活へもどってみるというのだ。

　A　便利で快適な生活は多くの貴重な業績を収める土台となっている。　○
　B　生活が便利で快適すぎると、人は普段と違う生活を求めたくなる。　○
　C　週末に冷暖房完備の家を出て野山へ行くのは体にいいからだ。　　×
　D　週末に野山に出かけるのは、薪割りしなければならないからだ。　×

(2番)

　日本人の生活は西洋化されて、畳の部屋が減ったとよく言われます。このまま、日本人の生活から畳が消えてしまうのでしょうか。ある都市のアンケート調査で、「あなたが家を建てるとしたら、畳のある部屋を絶対作りますか」と聞いたところ、意外にも64.5パーセントの人が作ると答えたそうです。年代的にも20代と50代の割合にほとんど差がありませんでした。また、今住んでいる家に畳の部屋があると答えた人は、86.7パーセントでした。

　なぜ畳が好きなのかという理由には、「すぐ寝っころがれるから。」「夏、涼しく冬は暖かいから。」「気持ちが落ち着くから。」などがありました。畳の色は、気持ちが落ち着く色なのだそうです。

A　西洋化が進むとともに、日本の畳の部屋も少なくなってきた。　　○
B　家を新築する場合、和室を作るという答えでは、20代と50代が違う。
　　　　　　　　　　　　　　　　　　　　　　　　　　　　　　×
C　畳は夏はいいが、冬はあまりよくない。　　　　　　　　　　　×
D　畳の色は人間の気持ちにも影響を与えるらしい。　　　　　　　○

問題四　テープを聞いて、会話の内容を日本語で叙述文でまとめなさい。
　　　　（テープは二回流します）(20点)

女　もしもし、お客さん。終点ですよ。起きてください。
男　わかってるよ、そんな大きな声で言わなくたって。
女　歩けますか。わたしにつかまってください。
男　平気平気。一人で歩けるから。
女　でも、お客さん、お酒をたくさん召し上がっているようだから危ないですよ。
男　だいじょうぶだよ。まっすぐ歩いているから。トイレはここかい？
女　あっ、違います。ちょっと待ってください。ご案内しますから。
男　いらない、いらない。自分で行けるから。
女　タクシー、呼びましょうか。
男　いいよ、いいよ。歩いて帰るから。

まとめの参考文

　駅員は一人の酔っ払いの乗客をおこした。ふらふらしている乗客の酔い姿を目にして、駅員は何か手伝おうとするが、乗客は人の好意を断り、すべて自分ができるという態度を見せた。

第9課

A

一、テープを聞いて、次の文を完成しなさい。外来語は片仮名で、その他は漢字で書き入れなさい。

　今年度の水資源<u>白書</u>は「気候変動が水資源に与える影響」を特集している。二年前にも同様のテーマを扱ったが、昨年、過去最多の台風が上陸したこともあって、再度この問題を取り上げた。IPCCのデータなどをもとに、2100年時点の気温や降水量を予測し、さらに利根川流域で河川の流出量やダム<u>貯水量</u>の変化を推計した。それによると、百年後の日本の夏の平均気温は今より2～4度高くなる。最高気温が30度を超える「真夏日」の日数が<u>倍増</u>し、年間百三十日近くになるという。

　真夏日が四ヶ月以上続くなど、考えるだけで、げんなりする。<u>エアコン</u>に依存する人が増え、都心では<u>ヒートアイランド</u>現象に拍車がかかるだろう。人間だけでなく、農作物や植生など、<u>生態系</u>全体にも大きな影響が出るに違いない。

　降水量では、さらに恐ろしい予測が出ている。ほどほどに雨が降る日が減る一方、まったく降らない日と<u>強雨日</u>が増えるというのだ。とくに夏場に、<u>集中豪雨</u>の危険性が増大する。

　水利用の観点でいえば、雨の降り方はほどほどでないと、ダムや土中に水を蓄えることはできない。この先、常に洪水と<u>渇水</u>の心配をしなければならないのだろうか。なんとか事態を<u>緩和</u>する道を見つけたい。

★　次の下線に適当な漢字を入れ、意味の通じる言葉にしなさい。

<u>はくしょ</u>　　　白書　　　白米　　　白状　　　白紙　　　白菜

録音内容と参考答案

ちょすいりょう	貯水量	貯金	貯蔵	貯蓄	貯炭
せいたいけい	生態系	事態	状態	形態	姿態
きょうう	強雨	強力	強化	強固	強調
ごうう	豪雨	豪宅	豪華	豪放	豪傑

二、テープを聞いて、抜けた言葉の意味を下線部に中国語で書き入れなさい。

1. 昔は<u>左利き</u>の子供がいると、小学校に入る前になんとかそれを直そうと親は必死になったものである。　　　　　　　　　　　　<u>左撇子</u>
2. 地球上のすべての生物にとって、水はまさに「<u>生命の源</u>」となっています。
<u>生命的源泉</u>
3. <u>過疎地の開発</u>も大切であるが、同時に自然の保護には十分な注意が必要である。　　　　　　　　　　　　　　　　<u>开发人烟稀少的地方</u>
4. ゴミだと思われた品物の中に、<u>リサイクルできるもの</u>がたくさんあります。　　　　　　　　　　　　　　　　　　<u>可以再利用的东西</u>
5. 害虫だからといって、やたらに殺し続けることは、<u>自然のバランスを崩す</u>ことにもなりかねません。　　　　　　　　<u>破坏自然界的平衡</u>
6. 日本語の能力試験1級は無理だろうと先生に言われたが、<u>歯を食い縛って</u>毎日勉強してパスした。　　　　　　　　　　　　　　<u>咬紧牙关</u>
7. 環境破壊が結局は<u>人類の生命を脅かしている</u>。　　<u>威胁着人类的生命</u>
8. 彼女は例の百貨店の火災の折の現場にいて、<u>九死一生</u>を得たのだそうだ。
<u>死里逃生</u>
9. 「<u>百聞は一見にしかず</u>」と言うじゃないか。なんといっても自分の目で見て確かめることに越したことはないよ。　　　　<u>百闻不如一见</u>
10. 苦労することなしに金儲けをしようなんて、<u>ちょっと虫が良すぎるんじゃないか。</u>　　　　　　　　　　　　　　　<u>如意算盘打得太好了吧</u>

三、テープを聞いて、正しい答えを一つ選びなさい。

(1)
女　ねえ、健康食品ってほんとに体にいいのかしら。
男　多くの人が愛用しているようだけど、元気になるどころか反対に体を壊

す人もいるそうだから、気をつけたほうがいいんじゃないかな。

質問：男の人は健康食品をどう思っていますか。
　A　体にいい。
　B　たくさん取ったほうがいい。
　C　よく考えたうえで取ったほうがいい。　　○
　D　体に悪い。

★　テープをもう一度聞いて、キーワートを探し出しなさい。
　　気をつけたほうがいい

(2)
女　自分で洗っているんですか。
男　ええ、どうも鳥が汚いものを落とすので、困ります。
女　私のところは大きな木があるので、葉がたくさん落ちてきます。
男　木の葉なら、あまり汚くないし、すぐとれるでしょう。
女　まあ、そういえばそうですけどね。
男　でも、鳥のほうは汚いし、力を入れて拭いてもとれないんですよ。
女　水をかけながら拭けばとれるでしょう。
男　それもやっているんですが、なかなかとれないんですよね。
女　でも、上がちょっと汚れているだけなら、安全に問題はないでしょう。
男　いや、汚れが気になって運転に集中できないから危険ですよ。

質問：男の人はなにをしていますか。
　A　庭の掃除。
　B　自宅の停車場の掃除。
　C　車道の掃除。
　D　洗車。　　○

★　テープをもう一度聞いて、質問に答えなさい。

1. 男の人は何が困っていますか。

2. すぐとれるものはなんですか。
3. 男の人はなぜ危険だと思っていますか。

四、テープを聞いて、テープの内容と合っているものに〇、違っているものに×をつけなさい。

(1)
　戦後、日本人は経済発展と生活の便利さを追求し、自分の生活を犠牲にしてまで一生懸命働き、その結果、周りにある美しい自然をも犠牲にしてきた。車からの排気ガスは空気を汚染し、また、工場や家庭の汚水は川や海に流され、大きな社会問題を引き起こした。
　もちろん、近代化や生活の便利さが悪いと全面的に否定することはできない。健康で豊かな生活を送るためには、近代化が必要であるし、自然を人間の手によって変えなければならない場合もある。しかし、どこまで許されるのか、決して無制限ではないはずだ。
　今、自然破壊を反省し、美しい自然を守ろう、農薬を使わない自然食品を取り戻そうという運動が盛んになりつつある。自然と人間の共存を達成し、良好な関係を取り戻すには、一人一人の自覚が大切なことに気がついたのだ。リサイクルやゴミ処理に対する人々の関心は高まっている。豊かな自然を守ることは一つの国の問題ではなく、地球全体の問題なのだという認識が人々の間に広がりつつある。戦後約60年が過ぎ、今やっと、本当に豊かな生活とは何なのかを真剣に考えられるようになったのかもしれない。

A　経済発展とともに、美しい自然が破壊されてしまった。　　〇
B　車からの排気ガスは海や川を汚染している。　　　　　　　×
C　健康かつ豊かな暮らしをするためには、農薬を使わない自然食品を取り戻すべきだ。　　　　　　　　　　　　　　　　　　　　　〇
D　美しい自然を守り、豊かな生活をすることは、各国が各自取り組むべき問題だ。　　　　　　　　　　　　　　　　　　　　　　　×

★　テープをもう一度聞いて、次の文を完成しなさい。

1. 工場や家庭の汚水は<u>川や海に流され</u>、大きな社会問題を引き起こした。

2. しかし、どこまで許されるのか、決して無制限ではないはずだ。
3. 農薬を使わない自然食品を取り戻そうという運動が盛んになりつつある。

(2)
　最近、目の疲れを訴える方が大変多くなっています。労働者を対象にしたアンケート調査でも、目は、疲れを感じる体の部分の第1位になっていますね。
　疲れ目が増える原因ですけれども、第1位は、えー、何と言ってもパソコンやテレビなど視覚からの情報が増えていることです。で、そういうものは、つい一生懸命見てしまいますよね。また、わたしたちを取り巻く環境は、目を疲れさせる原因であふれています。たとえば車の排気ガスなどによる大気汚染、エアコンなどによる空気の乾燥、紫外線の増加などがあげられます。それから、精神的なストレスも目に大きく影響します。えー、どういうことかと言いますと、涙は目の表面を外からの刺激から守ったり、栄養を運んだりする役目があるわけですが、精神的に緊張すると、涙の量も少なくなってしまうんです。
　疲れ目の背景にあるものは、まさに現代の環境そのものなんですね。

　A　人間の生活で直接目を疲れさせる一番の原因は、パソコンやテレビだ。
　　　　　　　　　　　　　　　　　　　　　　　　　　　　　　　　○
　B　目の疲れに生活環境はあまり影響がない。　　　　　　　　　　　×
　C　精神的なストレスにより、涙の量も減ってくる。　　　　　　　　○
　D　紫外線を受けると涙の量が少なくなってしまう。　　　　　　　　×

★　テープをもう一度聞いて、次の文を完成しなさい。

1. 最近、目の疲れを訴える方が大変多くなっています。
2. エアコンなどによる空気の乾燥、紫外線の増加などがあげられます。
3. 涙は目の表面を外からの刺激から守ったり、栄養を運んだりする役目があるわけですが。

五、テープを聞いて、次の質問に答えなさい。

男　梅雨が過ぎたばかりなのに、もう真夏のような暑さですね。
女　そうですね。ウーロン茶、作って持ってきているんですけど、飲みませんか。
男　ありがとう。いただきます。…冷たくておいしいです。パクさんは毎日こうやって水筒を用意しているんですか。
女　いいえ、時間のない時はペットボトルのお茶も買います。でも、ペットボトルは使い捨てだから、もったいないような気がして…。
男　確かにもったいないですね。スーパーのパック、割り箸、シャンプー用の容器など、わたしたちの周りはゴミが増える一方ですね。
女　ええ、特にプラスチック製品は、いま問題になっているダイオキシンの発生源にもなりますから、恐ろしいですよ。
男　そうですね。生ゴミの量も年々増えているとニュースで聞いたんですが、生活が豊かになったせいでしょうか。

質問：
1. 女の人は自分で何を作りましたか。
2. どうして水筒を使うんですか。
3. どんなものがダイオキシンの発生源になるんですか。
4. なにがもったいないと思っているんですか。
5. 年々増えているものはなんですか。

★　テープをもう一度聞いて、会話の内容を日本語で叙述文でまとめなさい。

まとめの参考文
　パクさんはペットボトルは使い捨てだから、もったいないと思って、時間のある時、水筒を用意して、自分でお茶を作ってる。生活が豊かになったせいか、わたしたちの周りにはゴミが増える一方だ、生ゴミばかりでなく、ダイオキシンの発生源になっているプラスチック製品などもたくさん捨てられて

いる。

............*............*............*............*............

B

問題一 テープを聞いて、次の文を完成しなさい。外来語は片仮名で、その他は漢字で書き入れなさい。(テープは二回流します)(20点)

　ある小学校の校庭のすぐ外に谷津干潟がある。いろいろな水鳥が飛んでくるし、水辺の生物が数多く生息している。この学校の5年生が干潟の学習をしている。環境保護のため、子どもたちは干潟の中に入れないので、先生がゴム長ぐつをはいて入って水と土を採取してくる。それを子どもたちが検査薬や顕微鏡で調べる。「学習を通して干潟を大切にする気持ちが育てばいい」と、先生たちは言っているそうだ。

　こうした自然体験の機会にめぐまれていない都会の子どもたちのために、「子ども長期自然体験村」というものが2年前に始まって、全国で広がっているそうだ。農家や民宿などに2週間ほど泊まって自然体験や環境学習をする。たとえば森林の中をサイクリングしたり、山に入って林業や炭焼きをする。漁船にのって網をひくこともあるし、段々畑で畑仕事をする場合もある。

　学校でいじめや不登校などが問題になっているこのごろ、子どもたちが夏休みを利用して自然を体験するのはいいことだ。こうした機会がもっともっと多くなってほしいと思う。

問題二 テープを聞いて、抜けた言葉の意味を下線部に中国語で書き入れなさい。(テープは二回流します)(20点)

1. 環境庁は「歩くことは健康によく、省エネにもなります。車に乗らないライフスタイルを!」と呼びかけました。　　　　　　　　　　节约能源
2. 梅雨時は、じめじめして、カビが生えやすい。　　　　　　　　容易发霉
3. 彼の積極的で、前向きの姿勢は男らしくて魅力的です。　　　　积极进取
4. 旅先でテレビを見ていると台風による土砂崩れで道路の復旧作業が行わ

録音内容と参考答案

れているが、まだまったく見通しが立たないというニュースが伝えられた。　　　　　　　　　　　　　　　　　　　　　　　因台风引起的塌方
5. 大局も見る目を失って我欲に捉われると、我田引水の言動に走る。
　　　　　　　　　　　　　　　　　　　　　　　　　　　　只顾自己
6. 親指と人差し指で耳たぶをつまみます。　　　　　　　　捏耳垂
7. 早く手を打たないと地球に生き物が住めなくなってしまいます。
　　　　　　　　　　　　　　　　　　　　　　　不尽快采取措施的话
8. 機械に振りまわされる生活と、さっぱり縁を切りたいと思っている者が多いようだ。　　　　　　　　　　　　　　　　　　　　　　完全脱离关系
9. 日本は地震の多い国ですから、建物を建てるときには、必ず耐震強度を考えています。　　　　　　　　　　　　　　　　　　　　　考虑到防震强度
10. 真っ白い雪の山を背景に、赤いクリスタルの樹氷が、日の光に照らされて、キラキラ輝く。　　　　　　　　　　　　　　在阳光照射下闪闪发光

問題三　テープを聞いて、質問に答えなさい。

1　正しい答えを一つ選びなさい。(テープは一回流します)(8点)
(1番)
男　梅雨に入ったのかなあ。今日もうっとうしいなあ。
女　明日はゴルフだけど、晴れるかしら。

質問：女の人はどんなことを心配していますか。
　A　梅雨に入ったかどうか。
　B　ゴルフができるかどうか。　　〇
　C　うっとうしい気分かどうか。
　D　良い天気になるかどうか。

(2番)
女　買うときは必ず、表示を見ますのよ。
男　賞味期限？
女　それもだけど、どんなものが入っているかとか…。
男　てん、てんかぶつ？

女　うん、添加物ね。
男　あ、添加物。あ、そう、添加物。
女　あと、防腐剤とか、保存剤とかがたくさんあるのも嫌だしね。

質問：二人はどんな話をしているでしょうか。
　A　洗剤を買うときの話。
　B　食料品を買うときの話。　　○
　C　子供のおもちゃを買うときの話。
　D　野菜を買うときの話。

2　テープの内容と合っているものに○、違っているものに×をつけなさい。（テープは一回流します）（12点）

（1番）
　環境問題を解決するためには、環境配慮型の経済システムに移行することが必要ですが、行政や企業が先導するだけでなく、一人ひとりのライフスタイルの変革が必要です。そのために重視されているのが、環境教育です。子どもから大人まで、学校や地域、家庭、企業などそれぞれの場で、環境問題を知識として理解するだけでなく、実際の体験を通して、自然を大切に思う心を育て、環境を守っていくために行動していく人材を育てることが環境教育の大きな目標となっています。

　A　環境問題を解決するためには、人々の生活様式の変革も必要だ。　○
　B　環境教育はそんなに重要なものではない。　　　　　　　　　　　×
　C　環境問題は知識として理解すれば十分だ。　　　　　　　　　　　×
　D　環境教育の大きな目標は環境を大事にする人材を育てることだ。　○

（2番）
　3月は引っ越しの季節だ。進学する人、卒業して就職する人、職場が変わる人などが、新しい家に引っ越す。自然と、アパートやマンションが話題になるが、最近は「ペットと共生できるマンション」というものが、少しずつ出はじめている。
　少し前まではマンションでは犬や猫が飼えないことが多かった。最近はペ

ットに対する社会の考えが変わったようだ。核家族や少子化が進んで、ペットが大切にされるようになってきた。悲しいときやさびしいとき、ペットがいるとあたたかい気持ちになれるということから、「ペットと共生」という考えが広まったのであろう。

A　この頃、犬や猫と共に生活できるマンションが出てきた。　　　〇
B　今までもアパートではペットを飼うことが許されていた。　　　×
C　子供がいなくてさびしい人が、ペットを飼うのだ。　　　　　　×
D　ペットが人の心を癒やすから、ペットとの共生も認められたのだろう。
　　　　　　　　　　　　　　　　　　　　　　　　　　　　　　　〇

問題四　テープを聴いて、会話の内容を日本語で叙述文でまとめなさい。
　　　　（テープは二回流します）（20点）

女　この町はきれいですねえ。ゴミがないし、それから、花も多いですよね。
男　ええ。でも、以前はあちこちにゴミが落ちていて、とても汚かったんです。みんながそれぞれ、気がついたらすぐに掃除していたんですが、効果がなくて…。
女　はあ。
男　川もひどい状態でした。自転車や家具まで捨てられていて。それで、「ゴミを捨てたら罰金をもらいます」って書いた看板を立てたりしたんです。
女　罰金ね。お金を取られるのはいやですから、効果があったでしょう。
男　ええ。しばらくはね。でもすぐまた元にもどってしまって。それで、みんなで相談して、町全体を一斉に掃除してみようかということになったんです。
女　へえ…。
男　で、町が一度すっかりきれいになったら、ゴミを捨てる人がいなくなって。
女　きれいなところにゴミは捨てにくいですからね。
男　家のまわりに花を置く人も増えて、町が本当にきれいになりました。
女　そうですか。

まとめの参考文

この町をきれいにするため、罰金をとるとか、看板を立てるとか、いろんな手段を実施したが、あまり効果がなさそうだった。町全体を一斉に掃除してから、ゴミをすてる人がいなくなり、そして、家のまわりに花を置く人も増え、町は一層きれいになった。

第10課

A

一、テープを聞いて、次の文を完成しなさい。外来語は片仮名で、その他は漢字で書き入れなさい。

「クールビズ」は、定義が<u>不明確</u>だし、長年サラリーマンとしてネクタイ、<u>ワイシャツ</u>、背広になじんできた者にとり、少々戸惑いを感じる言葉である。

そもそも、夏期に省エネ対策から室内温度を今までより高めにすることに伴い、涼しい服装で執務しようという意味であろう。室内温度が上がることにより逆に、仕事の環境が<u>悪化</u>し、効率や能率が低下することもあろう。人口わずか400万人のシンガポールが、<u>高層ビル</u>が立ち並び、高級車が街を走り回るほどの経済発展を遂げたのは、国民にクーラーと英語を<u>推奨</u>したからだとも言われている。

暑い日本の夏は、外国人観光客だけでなく、国際的ビジネスの場所としても<u>敬遠</u>されてしまうのではないか。省エネ対策で室温を高めに<u>維持</u>するより、今国会に提出されている<u>サマータイム</u>制度を早期に導入して省エネを図ってはどうか。(略)

もちろん、同制度導入に伴うコストも考慮する必要があり、コンピューターのハードやソフトの変更にともなう<u>負担</u>が生じる。しかし、使える明るい時間が延びる分、屋外活動も増加し、現在の<u>ライフスタイル</u>も更に多様化し、楽しみも増えるのではないか。日が昇り明るくなった時間を使わず、フトンの中に居るのはもったいない。

録音内容と参考答案

★ 次の下線に適当な漢字を入れ、意味の通じる言葉にしなさい。

ふめいかく	不明確	不景気	不信任	不親切	不注意
あっか	悪化	文化	帰化	俗化	消化
こうそう	高層	高価	高速	高齢	高尚
けいえん	敬遠	敬意	敬愛	敬具	敬服
ふたん	負担	負債	負傷	負数	負号

二、テープを聞いて、抜けた言葉の意味を下線部に中国語で書き入れなさい。

1. おいしい料理は数々ありますが、何といっても<u>お袋の味</u>が一番です。
   <u>妈妈做的菜</u>
2. 課長は<u>亭主関白</u>を自認し、「女房は俺の言うことを何でも聞く」と豪語しておられる。 <u>大男子主义</u>
3. かれの現代的な建築は背景の素晴らしい自然とあいまって、<u>シンプルでやすらぎのある</u>空間を生み出している。 <u>朴素而悠闲</u>
4. 各家庭から出るゴミは、一人一人の<u>ちょっとした努力と気遣い</u>で減らすことができます。 <u>一点点的努力与关心</u>
5. 武ったら、また私の<u>目を盗んで</u>テレビゲームをしている。 <u>避人耳目</u>
6. 酒によっても、<u>傍若無人</u>な言動は慎んでほしい。 <u>旁若无人</u>
7. みんな示し合わせたように<u>黙り込んでいる</u>が、意見はないのですか。
   <u>默不作声</u>
8. 国家の定める環境保護の<u>規定を厳守する</u>ことを進出企業に徹底させている。 <u>严守规定</u>
9. 生活、工業排水などが流れ込むことによって、<u>水質悪化が急速に進んで</u>います。 <u>水质急速恶化</u>
10. 今度の疾病を通して、人々の<u>公共衛生に対する意識が一層高まった</u>。
    <u>对公共卫生的意识进一步提高了</u>

三、テープを聴いて、正しい答えを一つ選びなさい。

(1)
女 ねえ、あなた、ちょっと来て。押入れの戸が閉まんないのよ。

男　どれどれ。こりゃ無理だよ。いらんものは捨てろよ。

質問：どうして押入れの戸が閉まらないのですか。
　A　押入れの戸が壊れたから。
　B　押入れの戸が古くなったから。
　C　押入れに物がいっぱい詰まっているから。　　○
　D　要らないものを捨てたから。

★　テープをもう一度聞いて、キーワートを探し出しなさい。
　　　要らないもの　　捨てる

(2)
女　ねえ、渡辺さんがね、会社やめたいんだって。
男　えー？ 昨日社長が渡辺くんは優秀だ、立派だって褒めてたのに。
女　褒められたから、やめたいのよ。
男　えー？ どうして？ 叱られたならわかるけど、あんなに褒められたのにやめるの？ これからは重要な仕事を任されて、給料だってもっとあがるのに。
女　お金は関係ないと思うなあ。渡辺さん前から夜翻訳を勉強しに行ってたでしょう。もうすぐはじめて訳した本が出るんですって。だから、会社では頭を使わない単純な仕事がよくて、あんまり働かされるのはいやなんだって。
男　ふうーん、そうか。

質問：渡辺さんはどうして会社をやめたいと思っているのですか。
　A　あまり働かされたくないからです。　　　○
　B　重要な仕事をさせてもらえないからです。
　C　社長に叱られたからです。
　D　もらえるお金が少ないからです。

★　テープをもう一度聞いて、質問に答えなさい。

1. 社長は渡辺さんのことを何と言いましたか。

録音内容と参考答案

2. 渡辺さんは前から夜何を勉強していましたか。
3. 渡辺さんはどんな仕事がいいと思っているのですか。

四、テープを聞いて、テープの内容と合っているものに〇、違っているものに×をつけなさい。

(1)
　今、わたしはゴミ処理工場にいます。ここでは、生ゴミを発酵させて土にする作業が行われています。工場内には長さ100メートルの、細長い溝が掘られています。まあ、100メートルの細長いプールがあると思ってください。運ばれてきたゴミは一方の端から溝に入れられます。溝の底ではベルトコンベアーが動いていて、ゴミは1日4メートルの速さで、ゆっくり移動していきます。かきまわされながら動くことによって、ゴミは徐々に発酵し、最後には完全な土になります。この土は養分が豊かで、野菜などを育てる肥料として農家の人に配られるそうです。この、ゴミを土にする方法は、実は、農家で肥料を作る、昔からの方法がヒントになっているそうです。

　　A　ゴミは、速く移動させられながら土になっていく。　　　　　　　　×
　　B　ゴミは、かきまわされ、移動させられながら土になっていく。　　〇
　　C　工場で作った土を、農家の人が発酵させて肥料に変える。　　　　×
　　D　農家の人がこのような工場を作ることを考えた。　　　　　　　　×

★　テープをもう一度聞いて、次の文を完成しなさい。

1. 工場内には長さ100メートルの、<u>細長い溝</u>が掘られています。
2. 溝の底では<u>ベルトコンベアーが動いていて</u>、ゴミは1日4メートルの速さで、ゆっくり移動していきます。
3. この土は養分が豊かで、野菜などを育てる<u>肥料として</u>農家の人に配られるそうです。

(2)
　虫歯の子どもが大幅に減少していることが、今年度の学校保健統計調査で

わかりました。この調査は、満5歳から17歳までの児童生徒を対象に、今年の4月から6月にかけて行われた健康診断を分析したものです。それによりますと、虫歯がある子どもは、特に中学校で67.7%と10年前に比べ20.1ポイント減少しました。この理由について、文部科学省では、国民全体が歯の健康に対して高い意識を持っていることと、学校での歯磨きの指導が成果を上げていることを挙げています。文部科学省では、子どもの健康状態を維持するため、今後も指導していきたいとしています。

 A 5歳から17歳までの児童生徒における虫歯の罹患率がぐんと下がってきた。 ○
 B 10年前、中学生で虫歯のある生徒は67.7%を占めていた。 ×
 C 虫歯減少の原因は子供の医療科学への意識が高まったからだ。 ×
 D 虫歯を減少させるために引き続き歯磨きの指導などが必要だ。 ○

★ テープをもう一度聞いて、次の文を完成しなさい。

1. 虫歯の子どもが大幅に減少しているということが、今年度の<u>学校保健統計調査</u>でわかりました。
2. 虫歯がある子どもは、特に中学校で67.7%と10年前に比べ<u>20.1ポイント減少</u>しました。
3. 子どもの<u>健康状態を維持する</u>ため、今後も指導していきたいとしています。

五、テープを聞いて、次の質問に答えなさい。

男 奈美ちゃんたち、さっきから何してるんだ、あそこで。
女 魚を見てるのよ。私が小さいとき、魚なんていなかったのにね、この川に。
男 そうか。緑、あんた、今年いくつになるんだっけ?
女 もう、35歳だわ。
男 じゃ、40年近くかかったんだね。この川に魚が帰ってくるのに。
女 そうなの。

男　緑が生まれる前のこの川は汚くてね。魚なんか、一匹もいなかったよ。
女　そういえば、わたしも小学校へ行くのに、毎日この川に沿って歩いていたけど、いつも嫌なにおいがしてたわ。
男　このままじゃ、自然はなくなってしまうって、あのころはみんなそう思ってた。それで、おまえに緑って名前をつけたんだ。
女　なるほど。
男　この子が大きくなるころには、緑がいっぱいの町になりますように、そういう願いを込めた名前なんだよ。
女　いまはお父さんの思ってたようになったんじゃないの。

質問：
1. だれとだれが話していますか。
2. どんなところで話していますか。
3. 川に魚が帰ってくるのにどのぐらいかかりましたか。
4. 女の人の名前を「緑」にしたのはなぜですか。
5. 女の人が生まれたころの自然環境はどうでしたか。

★　テープをもう一度聞いて、会話の内容を日本語で叙述文でまとめなさい。

　　まとめの参考文
　この川は昔は汚れていて、いやなにおいが漂っていた、また魚なんて一匹もいなかったし、川に魚が帰ってくるまで40年もかかった。父は緑がいっぱいの地球になるようにと願って、娘に緑という名前をつけた。長年経て清らかになった川に、今は魚も帰ってきたのだ。

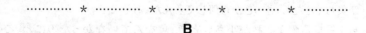

B

問題一　テープを聞いて、次の文を完成しなさい。外来語は片仮名で、その他は漢字で書き入れなさい。(テープは二回流します)(20点)

　マンションに住んでいて、上の階から聞こえてくる音に悩まされる人が増

えています。実際、マンションをめぐるトラブルの中で最も多いのが騒音問題です。お互い様と思ってみたり、まあ、近所の付き合いもあることから、苦情が言いにくかったり、集合住宅だけに我慢をして生活をしている方も少なくないと思います。気にならなければ気にならない。しかし、気になりだしたら、耐えられない。そうした上の階からの音の実態をまずはご覧いただきましょう。

　埼玉市に住む大田さん夫婦です。6年前3DKの新築マンションを3,600万円で購入しました。周りに緑が多い、静かな環境が気にいって、買いました。しかし、入居直後から上の階の音に悩まされています。

　絶えず音を気にする生活を送っている大田さんは聞こえてきた音を記録に残しています。子供の走るような音、入浴の音、物音で眠りを覚まされることも、少なくありません。上の階に住む人に苦情を言いましたが、普通に生活をしているだけだと言われました。大田さん夫婦は夜になるとマンションを出て行きます。音がしてもなんとか眠れるという二人の息子をマンションに残し、10分ほど離れたところに借りた部屋で寝ているのです。家賃は五万五千円、マンションのローンにさらに負担が加わりました。

問題二　テープを聞いて、抜けた言葉の意味を下線部に中国語で書き入れなさい。(テープは一回流します)(20点)

1. かれは生まれながらに目が見えなかったが、世界でも指折りのギター奏者となった。　　　　　　　　　　　　　　　　屈指可数
2. 野菜や穀物などに含まれる食物繊維は、大腸がんの予防に役立つと言われています。　　　　　　　　　　　　　　　　食物纤维
3. 何だか最近太り気味なのよ。エアロビクスでも始めようと思っている。
　　　　　　　　　　　　　　　　　　　　　　　　　　　有氧健身运动
4. 今の若い女性は清潔好きが多い。朝、出勤するとまずパソコンのマウスを消毒する。　　　　　　　　　　　　　　　給电脑的鼠标消毒
5. 長雨が終わったかと思ったら、息をつく間もなく猛暑が襲ってきた。
　　　　　　　　　　　　　　　　　　　　　　　　　　　还没等喘口气
6. 今夜から明日にかけて津波の恐れがあるので、厳重に注意してください。
　　　　　　　　　　　　　　　　　　　　　　　　　　　可能发生海啸

録音内容と参考答案

7. 対向車線からはずれて向かってきた、車を危機一髪のところでかわした。
   　　　　　　　　　　　　　　　　　　　　　　　　　　　千钧一发
8. あれは一見なんて事ない仕事のようですが、本当はとても手がかかります。
   　　　　　　　　　　　　　　　　　　　　　　　　　　　　　費工夫
9. もう10年も乗り続けているうちの車は、あちこち傷だらけになってしまった。
   　　　　　　　　　　　　　　　　　　　　　　　　　　　　　伤痕累累
10. 活発な梅雨前線の影響で、中国地方から北陸、それに長野県などでは降り始めからの雨量が500ミリ前後に達する記録的な大雨になりました。
    　　　　　　　　　　　　　　　　　　　　达到约500毫米记录性大雨

問題三　テープを聞いて、質問に答えなさい。

1　正しい答えを一つ選びなさい。(テープは一回流します)(8点)
(1番)
男　すみません。この冬友達と旅行に行きたいのですが、おすすめの場所ってありますか？せっかくなので、飛行機でちょっと遠出したい気分なんです。
女　冬をとことん楽しみたいなら北の大地・北海道。「寒いのはちょっとね」という方は定番ですが、断然ハワイが人気ありますよ。
男　じゃ、ハワイにしよう。寒いのは遠慮しておくよ。

質問：男の人はどうしてハワイへ行くことにしましたか。
　A　近くて暖かいから。
　B　遠出できて、暖かいから。　　○
　C　定番だから。
　D　人気があるから。

(2番)
女　大田さん、明日出発だよね。だれが送りに行くの、空港に？
男　きみ、行かないの？
女　わたし、生け花のお稽古があるんで、井上さんは？
男　大田さんのこと、あんまり知らないからなあ。でも、まあ、義理だから

ねえ。
女　そうよね、じゃ、わたしも先生に休むって電話するわ。

質問：送りに行くのはだれですか。
　A　男の人だけです。
　B　女の人だけです。
　C　男の人も女の人も行きます。　　○
　D　男の人も女の人も行きません。

2　テープの内容と合っているものに○、違っているものに×をつけなさい。(テープは一回流します)(12点)
(1番)
　みなさんは、コンビニで立ち読みをしたことがあるでしょう。書店で立ち読みをすると店員に嫌な顔をされますが、コンビニでは嫌な顔をされるどころか、むしろ歓迎されます。それは、無人のコンビニより人のいるほうが客が集まりやすいことと、雑誌を読みに立ち寄った客がついでに他の商品を購入するケースが多いことを計算しているためです。これに対して、雑誌や本しか商品をもたない書店ではこうはいきません。商品価値が下がるといって、立ち読みは嫌われるだけです。

　A　コンビニでの立ち読みは歓迎されます。　　　　　　　　　○
　B　コンビニでのお客の立ち読みは客集めに有利です。　　　　○
　C　コンビニで立ち読みした客は、他の商品の値段を計算します。　×
　D　お客の書店での立ち読みは嫌われます。　　　　　　　　　○

(2番)
　日本へ来てすぐのころ、知り合いの女性が街を案内してくれることになりました。あちこち見て歩き、とても楽しい時を過ごしました。帰り道、花屋の店先に小さな花束がたくさんあるのに気がつきました。30センチぐらいの高さで、白や紫の花がいろいろ取り合わせてあって、派手ではないけど、いい色合いです。僕はお礼にと思って、それを買い、彼女に差し出しました。彼女はその花束を見て、びっくりしたような、困ったような顔をしました。そし

て、こう説明してくれました。その花束は墓に飾るための「仏花」というものだと。

A　知り合いの女性が花屋に連れて行ってくれたので、楽しかった。　　×
B　花屋には高さ35センチぐらいで、小さくて派手な花がいっぱい並んでいる。　　×
C　私が彼女にあげた花束はとても色合いのいいものだった。　　○
D　私が彼女にあげた花束は特別な意味のある花だった。　　○

問題四　テープを聞いて、会話の内容を日本語で叙述文でまとめなさい。
　　　　（テープは二回流します）(20点)

女　何してんの？
男　着がえをつめてるんだよ。
女　どこへ行くの？
男　キャンプに行くんだ。かばんが小さくてぜんぶ入んないや。
女　荷物が多すぎるじゃないの。少し減らしたら？
男　うん、そうするよ。
女　ぼうしはあった？
男　それが見つかんないんだ。どこにあるかわからないよ。
女　部屋をかたづけなさいって、いつも言ってるでしょ。
男　だって、忙しいだもん。お母さん、水筒はどこ？
女　えっと…。
男　お母さん、いつも言ってるでしょ。台所をかたづけてって。

まとめの参考文
　息子がキャンプへ行くために、荷物の整理をしている。しかし、持っていきたいものが多すぎて、鞄には全部入れない。お母さんの言うように少し減らすことにした。しかし、普段、親子ともきちんと片付けていないので、帽子と水筒はどこにあるかわからなくて困っているようだ。

第11課

A

一、テープを聞いて、次の文を完成しなさい。外来語は片仮名で、その他は漢字で書き入れなさい。

　通信技術の進歩に伴って、マスコミは目覚ましい発展を遂げてきた。その中でもテレビは新聞に取って代わり、今やマスコミの王様である。そのテレビの普及と技術的発達は、私たちの日常生活に大きな影響を与えている。だれもがいながらにして世界のあちらこちらの出来事を同時に、あるいはほとんど間をおかずに目にし、耳にできる時代となっているのである。歴史の1ページを飾るような劇的な瞬間を目の当たりにし、あたかも自分自身がその場所にいるかのように感じられるのだ。目の前に映し出される人々と一緒になって喜び、怒り、悲しみ、胸を熱くすることができるのはテレビの映像のおかげであろう。刻々と知らされるニュースだけでなく、音楽やスポーツやクイズ番組、見知らぬ土地の紹介などは私たちに多くの話題を与えてくれる。同じ番組を見て、同じように笑い、同じように驚いたり感動したりしたのだということが分かると、それまで互いに無関心だった人同士が親しく話し始めることさえある。テレビを通して共通の体験を持ったということなのかもしれない。

★ 次の下線に適当な漢字を入れ、意味の通じる言葉にしなさい。

はってん	発展	発表	発想	発信	発射
じだい	時代	時給	時価	時速	時期
えいぞう	映像	映写	映画	映倫	映発
ばんぐみ	番組	番頭	番茶	番犬	番台
むかんしん	無関心	無関係	無抵抗	無資格	無意味

二、テープを聞いて、抜けた言葉の意味を下線部に中国語で書き入れなさい。

1. パートを雇う理由としては、「人件費の節約」が第一に挙げられています。
　　　　　　　　　　　　　　　　　　　　节约人员开支

録音内容と参考答案

2. 将来期待される企業には、ソフト会社などの<u>ベンチャー企業</u>が上位に入りました。　　　　　　　　　　　　　　　　　　　　　　<u>风险企业</u>
3. そのような仕事はだれもが夢見る<u>千載一遇</u>のチャンスです。　<u>千載难逢</u>
4. フロッピーディスクを<u>初期化</u>しましょう。　　　　　　　　<u>格式化</u>
5. ここ数年来、超小型テレビのほかに、場所をとらない<u>壁掛け式スクリーン</u>も登場しています。　　　　　　　　　　　　　　　<u>壁挂式屏幕机</u>
6. われわれの体のすべての機能は体内時計によって<u>コントロールされています</u>。　　　　　　　　　　　　　　　　　　　　　　　<u>受控制</u>
7. 研究が進むにしたがって、人間の脳の持つ<u>奥知れぬ神秘な世界</u>が明らかになってきた。　　　　　　　　　　　　　　　　<u>鲜为人知的神秘世界</u>
8. 電信電話事業の自由化にともない、いろいろな機能を持つ電話機が<u>脚光を浴びている</u>。　　　　　　　　　　　　　　　　　　<u>引人注目</u>
9. <u>長所を生かし、短所を避け</u>、当地の資源を十分に利用して特色のある製品を開発する。　　　　　　　　　　　　　　　　　　　　<u>扬长避短</u>
10. テレビの画面を通じて、世界各国の出来事が<u>一瞬のうちに伝えられる</u>時代になった。　　　　　　　　　　　　　　　<u>瞬间就能传送过来</u>

三、テープを聞いて、正しい答えを一つ選びなさい。

(1)
男　今度の部長、いつも何をどうしたいんだかよくわからないよね。
女　うん、まあ、頼りにならないってわけじゃないけど、優柔不断。
男　やっぱり、上司は、決断力のあるほうがいいよね。

質問：今度の部長はどんな人ですか。
　A　行動力のある人です。
　B　落ち着きのない人です。
　C　とても頼りになる人です。
　D　はっきりしない人です。　　○

★　テープをもう一度聞いて、キーワートを探し出しなさい。
　　優柔不断

(2)
女 これで、全員の面接が終わりました。結局残ったのは山下さん、中村さん、佐藤さん、鈴木さん、この4人ですね。
男 山下さんは問題ないだろう。まだ若いのに、立派な業績だ。
女 ええ、そうですね。経験っていうと、中村さんも佐藤さんも多少経験がありますね。
男 ああ。しかし、1年の経験じゃ…。しかも、佐藤さんは仕事を辞めてから5年も経ってるしね。
女 はあ。でも中村さんはまだ若いですし、やる気もありそうです。確かに経験不足かもしれませんが、なんとか研修で対応できるんじゃないでしょうか。
男 うーん。だがね、やはり能力では鈴木さんのほうが上だろう。パソコンも十分使えるしね。とりあえず若さより、即戦力だな。
女 じゃあ、この2人ですね。

質問: だれとだれを採用しますか。
　A　中村さんと鈴木さん。
　B　中村さんと佐藤さん。
　C　山下さんと鈴木さん。　　○
　D　山下さんと中村さん。

★　テープをもう一度聞いて、質問に答えなさい。

1. 立派な業績をもっている人はだれですか。
2. 仕事を辞めてから5年も経ってる人はだれですか。
3. 企業側が重んじるのは社員の即戦力ですか、将来性ですか。

四、テープを聞いて、テープの内容と合っているものに○、違っているものに×をつけなさい。

(1)
昨年5月に、上海に来ました。デザインの仕事をしています。人とのコミ

ュニケーションをそれほど必要とする仕事ではありませんので、当初は特に語学学校に通わなくてもいいかなと思っていました。会社で週1回のグループ学習がありましたし、それで充分だろうと。でも中国人スタッフに、デザインの微妙なニュアンスを伝えようとする時に難しさを感じ、本格的に勉強しようと決めました。

こちらの学校を選んだ理由は、オフィスに近いということもありますが、カリキュラムがしっかりしているという点に魅力を感じたからです。スタッフと交流できるようになるため、「聞く」「話す」に重点をおいたスケジュールを組んでもらっています。

まだこの学校に来て2ヶ月ですが、以前よりかなり言いたいことを伝えられるようになりました。教室での勉強以外に、先生との携帯電話でのメールのやりとりも役に立っています。ピンインを覚えますし、メールの返信を待っているのも楽しいですしね。

A 今の仕事は人と接する必要があまりないので、語学の勉強もいらないと思った。　　　　　　　　　　　　　　　　　　　　　　　　○
B 今通っている学校は会社にも近いし、週に一回グループ学習もある。×
C 学校でのレッスンは主に書くことと話すことなので、魅力的だと思う。
　　　　　　　　　　　　　　　　　　　　　　　　　　　　　　×
D 中国語でメールのやり取りをするのは、勉強にもなって、楽しい。　○

★　テープをもう一度聞いて、次の文を完成しなさい。

1. <u>微妙なニュアンス</u>を伝えようとする時に難しさを感じ、本格的に勉強しようと決めました。
2. <u>カリキュラムがしっかりしている</u>という点に魅力を感じたからです。
3. <u>メールの返信</u>を待っているのも楽しいですしね。

(2)
最近笑いには実は不思議な力が隠されていることがわかってきた。
こんな実験をしたらしい。落語や漫才などを見て笑ってもらう。そして見る前と見た後の血液をとり、その中にあるNK細胞の数が増えているかどう

か調べる。この細胞はウイルスやガン細胞を殺す働きをするらしい。その結果、全体を見ると、NK細胞の数が増えた人は約7割だったのに対して、減った人は約3割だった。さらに対象を、おかしくて思い切り笑った人だけに限ると、その割合は8対2になったそうだ。つまり、笑うことによって体の免疫力が高まり、ガンにかかりにくくなることが確認されたのだ。

　　A　笑いには不思議な力があるということは昔から知られている。　　×
　　B　NK細胞はウイルスやガンの細胞を増やす。　　×
　　C　実験の結果で分かるように70％の人のNK細胞が笑う前より増えた。
　　　　　　　　　　　　　　　　　　　　　　　　　　　　　　　○
　　D　笑いが体にいいが、思い切り笑うのはあまりよくない。　　×

★　テープをもう一度聞いて、次の文を完成しなさい。

1. <u>落語や漫才</u>などを見て笑ってもらう。
2. その割合は<u>8対2</u>になったそうだ。
3. 笑うことによって<u>体の免疫力</u>が高まり、ガンにかかりにくくなることが確認されたのだ。

五、テープを聞いて、次の質問に答えなさい。

男　野村さん、今日のサークルのミーティングなんだけど…。
女　あ、私は今日は出られないんです。メールしときましたけど。
男　え？メール？ゆうべ、パソコンチェックしたけど、そんなメール来てなかったよ。
女　昨日はバイトで疲れて寝ちゃったんで、今朝送ったんだけど。
男　今朝？朝、パソコンでメールをチェックする時間なんてないよ。メールって人によってチェックする頻度も違うんだし、どうして電話くれなかったの？
女　はい…。
男　今日は簡単な打ち合わせだから、欠席しても、まあいいけど、大事な話し合いの時は、これじゃ困るからね。

録音内容と参考答案

女　すみません。

質問：
1. 女の人は何の会に出られなかったのですか。
2. 女の人は欠席の連絡をしましたか。
3. 女の人はどんな手段で男の人に伝えたのですか。
4. どうして男の人に伝わらなかったのですか。
5. 女の人は男の人に何を注意されましたか。

★　テープをもう一度聞いて、会話の内容を日本語で叙述文でまとめなさい。

まとめの参考文
　女の人は今日のミーティングに出られないから、朝、男の人にメールをしてそのことを伝えたが、男の人は朝、パソコンでメールをチェックしなかった。そういう時、やはりメールより電話で伝えた方がいいと男の人は文句を言った。

············ * ············ * ············ * ············ * ············

B

問題一　テープを聞いて、次の文を完成しなさい。外来語は片仮名で、その他は漢字で書き入れなさい。（テープは二回流します）（20点）

　企業は今しのぎを削って個人情報を収集し分析しています。高性能コンピューターに次々と蓄積される顧客データ。企業にとって個人情報は今や最も重要な経営資産になりつつあります。こうした中で企業内の顧客リストが持ち出されたり、又情報が次々と別の企業へと流される事態が起っています。
　あなたの氏名・住所・電話番号・生年月日は勿論のこと、年収・趣味・家族構成、更にはいつ何処で何を買い、どんなビデオを見て、そして何処に旅をしたかまで企業に知られている可能性があります。送られてくる何通ものダイレクト・メール、見知らぬ人からかかってくるセールスの電話。自分が気づかないうちに企業は1人1人について様々なことを知ることができる時代となっています。今までは民間が集めたり流したりする個人情報を規制

する法律はありませんでした。しかし、こうした状況の中でプライバシー保護を強化すべきだという声が上がり、ついに法によって規制されるようになりました。

問題二　テープを聞いて、抜けた言葉の意味を下線部に中国語で書き入れなさい。(テープは一回流します)(20点)

1. 特にコスト管理、資金管理、品質管理などのウイーク・ポイントに力を入れる。　　　　　　　　　　　　　　　　　　　　　　薄弱环节
2. サラリーマンは毎日毎日、時間を心配しながら、人がいっぱい乗っている電車に乗って、コンクリートのビルのなかで仕事をしなければならない。
　　　　　　　　　　　　　　　　　　　　　　　　　　　　水泥大楼
3. このつまみで、ラジオの音量を自由に加減することができます。
　　　　　　　　　　　　　　　　　　　　　　　　　　　　随意调节
4. 公演は前代未聞の大成功であった。　　　　　　　　　　前所未闻
5. 新しいソフトをインストールしたとたん、文字化けしてしまいました。
　　　　　　　　　　　　　　　　　　　　　　　　　　　　乱码了
6. 近頃、コンピュータの機種が、次々に出てきて、どれにしたらいいか目移りがするよ。　　　　　　　　　　　　　　　　　　眼花缭乱
7. ウイルス退治ソフトをダウンロードしたいんですが。　　　下载
8. 科学技術は、わたしたちの生活に、今後ますます重要な役割を演ずることになろう。　　　　　　　　　　　　　　　　　　　　扮演重要角色
9. この仕事にこんなに打ち込むことができたのは、家族が支えてくれたからにほかならない。　　　　　　　　　　　　　　　能如此专心投入
10. このプロジェクトが軌道に乗ったのは先生のお力添えがあったからにほかなりません。　　　　　　　　　　　　　　　　有老师的鼎立帮助

問題三　テープを聞いて、質問に答えなさい。

1　正しい答えを一つ選びなさい。(テープは一回流します)(8点)
(1番)
男　ええと。会議の出席者は全部で何人ですか。

録音内容と参考答案

女　この大きなテーブル二つにそれぞれ十人ずつ座る予定よ。
男　じゃ、いすを五つほど多めに用意しておきますか。
女　そうね。

質問：いすはどれぐらい用意したらいいですか。
　　A　10。
　　B　15。
　　C　20。
　　D　25。　　○

(2番)
男　田中さんはよく意見を言いますね。
女　ええ、なにについても自分の意見を持っているんですね。
男　でも、よく聞いていると、ほかの人と同じことを言っていますよ。本当は自分の意見を持っていないんじゃないでしょうか。
女　じゃ、しゃべるのが好きなんですね。
男　それより人の注意を引くのが好きなんでしょう。

質問：田中さんはどんな人ですか。
　　A　おしゃべりな人です。
　　B　率直な人です。
　　C　傲慢な人です。
　　D　目立ちたがる人です。　　○

2　テープの内容と合っているものに○、違っているものに×をつけなさい。(テープは一回流します)(12点)

(1番)
　　メールは手軽なコミュニケーションの手段ですが、でも一度送ってしまうと、取り戻すことができませんから、後で後悔したり、だれかに見られて困ったりするような内容は避けましょう。そして、親しい人、目上の人、見知らぬ人、それぞれの相手にふさわしい書き方も必要です。また、読む人のことを考えて、必要以上に文章が長くならないように気をつけましょう。

メールを使わないほうがいい場合もあります。例えば、お詫びやとても大事なお願い、また、目上の人に初めて挨拶をするような場合です。このような場合は、会って直接話すのが一番いいですし、どうしても会えないときは電話や手紙のほうがいいでしょう。

A　最近のメールは送ってからでも修正できる。　×
B　メールの文章は相手によって書きかえたほうがいい。　○
C　メールの内容は制限されていないから、気楽に考えたほうがいい。　×
D　場合によっては、メールより手紙などを利用するほうが儀礼的でよい。　○

(2番)
　愛知万博の会場を歩いての感想だが、大阪万博の折には「経済の更なる発展のために技術や人間に何ができるのか」が誇示されていたのに対し、「地球環境を守り、より良い生き方のために人間に託されていることは何なのか」を考えさせられるという変化がある。
　コンクリートの建造物はほとんど無く、建物や歩道に間伐材など木材がふんだんに用いられ、和やかな気分になる。日差しを避ける陰のつくり方、水を噴射して涼をとる仕組みなど、21世紀の文明が奉仕する対象は「人であり環境である」ことが自然に感じられてくる。

A　愛知万博は大阪万博と同じように経済の発展に目を向けたものだ。　×
B　愛知万博は地球環境の保護に目を向けたものだ。　○
C　愛知万博の建物はほとんど和風建築だ。　×
D　愛知万博の建物には木材が多く使われている。　○

問題四　テープを聞いて、会話の内容を日本語で叙述文でまとめなさい。
　　　　（テープは二回流します）(20点)

男　理恵ちゃん、どうしたの。
女　あっ、渡辺君、ちょっとカメラのシャッターが動かないの。
男　電池がきれていない？

女　ううん、電池は新しいのを入れたよ。
男　そう。ちょっと見せてくれる。
女　うん。
男　あ、フィルムがきちんと入っていないね。
女　あ、ほんとうだ。
男　フィルムをきちんと入れないと動かないよ。
女　ありがとう。

まとめの参考文

理恵はカメラが動かないため、困っているところだ。そこで、渡辺に手伝ってもらった。原因は電池が切れたことでなく、フィルムがきちんと入っていないことだった。

第12課

A

一、テープを聞いて、次の文を完成しなさい。外来語は片仮名で、その他は漢字で書き入れなさい。

　日本では、「不況」という言葉がきわめてあいまいに使われている。そのため、国民全員が不況だと思っているのに、政府は「不況ではない」ということが頻繁に起きる。
　一方、アメリカでは、不況の定義は、日本よりは明確である。四半期（三ヶ月）ごとに発表されるGDPが、二期続けて前期比マイナスになると、初めて「不況」といわれることが多い。いったい、不況とは、経済学的には、どういう意味なのだろうか。
　その答えを書く前に、日本とアメリカの「不況」のとらえ方のちがいについて説明しておきたい。日米のちがいは、戦後に達成した経済成長スピードの差が原因になっている。日本では、焼け野原から、猛烈な勢いで経済復興をとげ、高度経済成長をなしとげた。つまり、日本のほうが経済が伸びる余地が大きかったわけで、経済ではこうした成長の余地を「潜在成長率」と呼ぶ。そこで、現実の経済成長率が、潜在成長率を上回った場合を「好況」と呼び、逆に

下回った場合を「不況」と呼ぶ。

★ 次の下線に適当な漢字を入れ、意味の通じる言葉にしなさい。

めいかく	明確	明月	明白	明瞭	明細
たっせい	達成	達者	達筆	達識	達見
もうれつ	猛烈	猛獣	猛然	猛威	猛爆
ふっこう	復興	復旧	復活	復帰	復仇
げんじつ	現実	現代	現象	現金	現在

二、テープを聞いて、抜けた言葉の意味を下線部に中国語で書き入れなさい。

1. 専門家ならいざ知らず、素人ではこの機械を修理することはできない。　　　外行
2. 怖いのは摩擦でなく、摩擦を解決する交流のチャンネルがないことです。　　没有途径
3. 科学技術は日進月歩である。　　日新月异
4. MPカメラは軽くて持ち運びが便利なので、どこの家庭でも引っ張り凧だ。　　受欢迎
5. おや、フリーズしてしまいました。強制再起動しましょう。　　死机了
6. チャイムを鳴らすと田中さんと奥さんがにこにこしながら出迎えてくれた。　　门铃响
7. 桃姉ちゃんって、手先が器用ですね。わたしは到底及びません。　　手真巧
8. 佐藤教授は十年来、音声入力システムの開発に携わってきた。　　从事开发工作
9. これまで取り込んできた実験装置をしばし離れて、子供たちの夢を膨らませた。　　充满了孩子们的理想
10. まさにコンピューター抜きでは仕事にならない時代に突入しました。　　离开电脑无法工作

三、テープを聞いて、正しい答えを一つ選びなさい。

(1)

男　いま、やっている仕事がつまらないんだ。
女　じゃ、新しい仕事を探したら…。
男　いや、いまさらとんでもない。

質問：男の人は今の仕事をどう思っていますか。
　　A　つまらないからやめるつもりです。
　　B　つまらないけれどやめるつもりはありません。　○
　　C　面白いからつづけるつもりです。
　　D　しかたがないからやめるつもりです。

★　テープをもう一度聞いて、キーワートを探し出しなさい。
　　<u>いまさら … ない</u>

(2)
女　ねえ、この間、新聞で読んだんだけど、眠りには、体の中にある物質が関係しているんだって。
男　へえ、それって、どんなものなの。
女　眠る時には、量が増え、起きる時には、減るんだって。
男　じゃあ、寝る前に、その物質が入った薬を飲めば、すぐ眠れるのかな。楽しい夢を見ながら、とか。
女　睡眠薬じゃないからそういうわけにはいかないんだけど、朝早く、すっきり目が覚めるんだって。
男　ふーん。

質問：この物質の入った薬を飲むとどうなるのですか。
　　A　すぐ眠くなる。
　　B　朝なかなか目が覚めない。
　　C　楽しい夢を見る。
　　D　気持ちよく目が覚める。　○

★　テープをもう一度聞いて、質問に答えなさい。

1. 新聞で読んだことはなんですか。

2. 眠る時には、量が増え、起きる時には減るというものはなんですか。
3. それは睡眠薬とおなじ効き目ですか。

四、テープを聞いて、テープの内容と合っているものに○、違っているものに×をつけなさい。

(1)
　これは、家庭で人間と一緒に暮らすことを目的に作られたロボットです。まだ開発の途中で、目標としている能力、えー、この表に書いてあることですね、これが徐々に現実化されています。私が「こんにちは」と呼びかけると、お辞儀をしてくれます。「さよなら」と言うと、手を振り、「ダンスをしてね」とお願いすると・腰を振ってくれます。歩く速度は一分間に四メートルと、ゆっくりなんですが、段差のない平らなところであれば、転倒することもありません。たたみの上などは、へりにひっかかって転びやすくなるのですが、もし倒れても自分で起きあがることができます。物を押すという動作もできるので、物を移動させることもできます。物を手で持ち上げて運べるようになれば、仕事の範囲はもっと広がるでしょう。今年の末までには1000語の言葉を覚えるのが目標だそうで、その時は、簡単な会話ができるようになるということです。一人暮らしの方の話し相手として人気が出そうですね。

　A　このロボットは家庭用に開発された。　　　　　　　　　　　○
　B　このロボットは人間の言葉を聞いて身振り手振りで応答できる。　○
　C　このロボットは歩くスピードが遅いので、階段を降りることもできる。
　　　　　　　　　　　　　　　　　　　　　　　　　　　　　　　×
　D　このロボットは人間と簡単な会話ができるから、大変人気がある。　×

★　テープをもう一度聞いて、次の文を完成しなさい。

1. 私が「こんにちは」と呼びかけると、お辞儀をしてくれます。
2. 段差のない平らなところであれば、転倒することもありません。
3. 一人暮らしの方の話し相手として人気が出そうですね。

録音内容と参考答案

(2)

　私は、人柄の点で尊敬できる上司がいい、という意見に賛成する。
　職場ではよい仕事をすることが第一であり、そのためには有能な上司の下で働くのがいい、と考える人は多いだろう。しかし、組織の中では複数の人が一緒に仕事を進めることが多い。上司は指示を出すが、いつも一人で判断したり決定したりするわけではなく、重要なことは多くの人と検討を重ねる。このように複数の人が一緒に仕事を進めるときは、人間関係がスムーズでないと、仕事がうまく運ばなくなる。
　私は、職場の人間関係は上司の人柄に左右されるところが大きいと考えている。いくら有能でも人間的に尊敬されない上司の下では、チームワークが乱れて、できるはずの仕事もできなくなってしまう。反対に、人間的に尊敬できる上司の下でなら、部下が力を合わせて大きな成果を上げることも可能になる。
　以上の理由から、私は、能力よりも人柄の点で尊敬できる上司がいいと考える。

　A　有能な上司に限って人間性もいいから、尊敬されるのだ。　　　×
　B　有能な上司は社内の事を部下と相談しなくても一人で解決できる。　×
　C　人間的に尊敬できる上司は職場の人間関係作りがスムーズで、仕事もうまくいく。　　　　　　　　　　　　　　　　　　　　　　　　　　○
　D　筆者の考えでは能力よりも人柄の点で尊敬できる上司がいい。　　○

★　テープをもう一度聞いて、次の文を完成しなさい。

1. 組織の中では<u>複数の人</u>が一緒に仕事を進めることが多い。
2. 人間関係が<u>スムーズでない</u>と、仕事がうまく運ばなくなる。
3. 私は、<u>能力</u>よりも<u>人柄</u>の点で尊敬できる上司がいいと考える。

五、テープを聞いて、次の質問に答えなさい。

男　友達が入院したので、お見舞いに行こうと思っているんです。
女　じゃ、行く前にいろいろと確かめたほうがいいですよ。病院によってお

見舞いができる時間が決まっていますから。
男　じゃ、病院に電話して確認します。
女　そうしたほうがいいですよ。
男　あと、なにか持っていこうと思うのですが。
女　そうですね、食べ物なら、病気によっては、食べられないものがありますから、気をつけたほうがいいですよ。
男　そうか…花はどうですか。
女　花はいいけど鉢植はいけませんよ。
男　どうしてですか？
女　根がついていますから、「寝つき」といって嫌われます。
男　なるほど。
女　そうそう、携帯電話は病院内では使えませんから、ちゃんと電源を切って病院に入ってくださいね。
男　わかりました。ありがとうございます。

質問：
1. お見舞いに行く前に何をしたほうがいいですか。
2. お見舞いに行く時、食べ物を持っていってもいいですか。
3. お見舞いに行く時、花をあげてもいいですか。
4. どうして鉢植はいけないのですか。
5. 病院内で携帯電話が使えますか。

★　テープをもう一度聞いて、会話の内容を日本語で叙述文でまとめなさい。

　まとめの参考文
　お見舞いに行く前に電話で確認したほうがいい。なぜかというと、病院によっては、面会時間の規定があるから。また、お見舞品にも注意を払わなければならない。病人に嫌われるものは選ばないほうがいい。

·········· ＊ ·········· ＊ ·········· ＊ ·········· ＊ ··········

B

問題一 テープを聞いて、次の文を完成しなさい。外来語は片仮名で、その他は漢字で書き入れなさい。(テープは二回流します)(20点)

　戦後一貫して続いていた高度成長や<u>消費拡</u>大、土地や株の右肩上がり、さらに終身雇用や<u>年功序列</u>といった、一種の神話にもなっていた日本のシステムが、時代の変化に<u>対応</u>しきれなくなったために、あちらこちらでほころびを見せるようになってきた。おまけに盤石とすら思えた<u>金融</u>システムさえおかしくなっているなかで、政治や行政のシステムだけが独り<u>旧態依然</u>としていられるわけもない。<u>現象面</u>だけを見ている分には、無責任におもしろいのが政治をめぐるさまざまな動きだろう。しかし、今回は選ぶ側のわれわれも、これまでとは全く異なる<u>発想</u>で政治を変える、つまり政治のリストラに取り組むべき時が来たのではないだろうか。
　リストラとは<u>再構築</u>のことである。これまではもっぱら企業の<u>体質改善</u>の意味として用いられてきたが、いまリストラを必要とするのは企業だけではない。この国のすべてがリストラを行わなければならない。

問題二 テープを聞いて、抜けた言葉の意味を下線部に中国語で書き入れなさい。(テープは一回流します)(20点)

1. 被写体に近づいて<u>アップ</u>で撮る時は、手をちょっと動かしただけで、ピントがずれてしまう。　　　　　　　　　　　　　　<u>拍特写镜头</u>
2. しかし何といっても<u>最大の特徴</u>は、通信方式がアナログからデジタルに切り替えられた点である。　　　　　　　　　　　　　<u>最大特征</u>
3. チョコレートの箱の中に、インターネットの<u>アドレスとパスワード</u>が印刷されています。　　　　　　　　　　　　　　　　<u>网址和密码</u>
4. この作業もほぼ完成にさしかかったが、<u>油断大敵</u>、最後まで注意深くことにあたらなくてはならない。　　　　　　　　　　<u>粗心大意</u>
5. 右折や左折の時は、曲がる30メートルほど前で<u>ウインカーを出して</u>、後ろ

の車に知らせましょう。　　　　　　　开方向指示灯
6. 日本製品は使いやすいし、なんとなく安心感を持っている。　　感到放心
7. クレジットカードの買物は現金を必要としないだけに、ほしい物があると、つい手が出してしまい、ブレーキをかけるのが難しい。　　难以打住
8. この旅客機をめぐっては800人以上を乗せられる超大型機や燃費効率が高い新型機の開発計画を策定しました。　　能乗座8百人以上
9. なお、宇宙空間によるドッキングの技術は、月への有人飛行を実現するためにも欠かせない技術とされている。　　实现月球载人飞行
10. このパソコンは、音声を自動的に文字に変換したり、またその逆もできるようになっています。　　自动地把声音转换成文字

問題三　テープを聞いて、質問に答えなさい。

1　正しい答えを一つ選びなさい。(テープは一回流します)(8点)

(1番)
女　この本、山本先生からすすめられたんだけど、読んだことある?
男　うん、かなり読みごたえのある本だったよ。
女　そう。

質問：男の人はこの本についてどう思っていますか。
　A　読んだほうがいいと思っている。　　○
　B　読まないほうがいいと思っている。
　C　内容が理解しにくいと思っている。
　D　読んだことがないから分からない。

(2番)
男　はい、木村です。
女　あの、鈴木ですが、こんな時間にすみません。
男　いいえ、大丈夫ですよ。
女　もうお休みになっていましたか。
男　いいえ、明日は休みですから、今日はまだ起きていましたよ。
女　あ、すみません。実は…。

質問:女の人はいつ電話をしましたか。
A 休みの前日の朝早く。
B 休みの前日の夜遅く。　　○
C 休みの日の朝早く。
D 休みの日の夜早く。

2 テープの内容と合っているものに○、違っているものに×をつけなさい。(テープは一回流します)(12点)
(1番)
　ダイエットは失敗をくり返すことでも、少しずつ成功に近づきます。けれどもそれでは時間やお金や努力などの大切なものがたくさん失われます。またそのような経験をするうちに、やる気が途中でなくなってしまうこともとても多いのです。そこでダイエットをするうえで、これを知っていないと損と言えることを、よく関心が持たれるテーマごとにお伝えしていくことにしました。そうすることでダイエットに最短距離で成功していただけるからです。そのために誕生したのがこのダイエット講座です。ダイエット講座では、テーマを絞った内容の講座をいろいろとご用意しています。そしてそれぞれのテーマについて、これだけ知っていれば十分といえるだけの知識を、1ヶ月間にわたって1日おきにメールでお届けしていきます。

A ダイエットに成功しても大切なお金や仕事などを失った人が多い。　×
B この講座はより早くダイエットに成功する方法を教えてくれるものだ。
　　　　　　　　　　　　　　　　　　　　　　　　　　　　　　○
C この講座の内容はダイエット失敗者に関心を持たれているものばかりだ。　　　　　　　　　　　　　　　　　　　　　　　　　　×
D この講座の内容は多くの知識を含んでおり、しかも毎日メールで送られてくる。　　　　　　　　　　　　　　　　　　　　　　　　×

(2番)
　えー、皆さんは人に会ったとき、まずどこを見ますか。やはり顔でしょうか。人の印象の90％以上は、実に「見た目」、つまり外見で決まると言われて

います。「なんだ、顔やスタイルのいい人はやっぱり得だ」と思われるかもしれませんね。しかし「見た目」の中には、「姿勢」というもっと重要な要素が含まれているんです。顔やスタイルがよくても、背中を丸くして下を向いた人を想像してみてください。なんだか暗く疲れた感じがしませんか。一方、背中がまっ直ぐに伸びている人はどうでしょう。生き生きとした明るい印象を与えますね。また、姿勢の良しあしは健康にも影響を与えるので、十分気をつけたいものです。えー、最近の若い人たちは背が高くなり、服装やメークもおしゃれになりました。しかし、姿勢のいい人は意外と少ないのではないでしょうか。ちょっともったいないような気がしますね。

A　人の印象の9割以上は顔とスタイルで決まります。　　　×
B　姿勢がいいか悪いかで印象が大きく変わります。　　　○
C　体が健康かどうかは印象を決める重要な要素です。　　　×
D　最近の若い人は皆見た目がいいので印象もいいです。　　　×

問題四　テープを聴いて、会話の内容を日本語で叙述文でまとめなさい。
　　　（テープは二回流します）（20点）

男　セーターがほしいんですけど。
女　はい。プレゼントですか。
男　ええ。家内の誕生日のプレゼントなんです。
女　おいくつぐらいですか。
男　30ぐらいなんですが。
女　このあかいのはどうですか。このデザインは今とても人気がありますよ。
男　ええ。でも赤より白の方が似合いそうなんです。
女　じゃ、これはどうですか。
男　そうですね。もっと大きいほうがいいんですけど。
女　じゃ、Lサイズを出してみましょう。
男　あ、いいですね。これにします。

まとめの参考文

奥さんの誕生日のプレゼントを買うために、ある店に行っている。店員は、デザインのいい赤いセーターを薦めた。結局、お客さんは、奥さんに似合いそうな白いLサイズのセーターを買った。

第13課

A

一、テープを聞いて、次の文を完成しなさい。外来語は片仮名で、その他は漢字で書き入れなさい。

　近頃、40代の男性を対象とした雑誌が相次いで創刊されている。また、40代を中心に中年男性向けのカジュアルウエアの売り上げも伸びているという。このような現象の背景にはいったい何があるのか。
　その一つとして考えられるのが、40代新人類世代の登場だ。1960～1968年生まれを新人類世代と考えれば、その先頭集団が、今年で45歳を迎える。新人類世代が40代の半分を占めることになる。(略)
　新人類世代は、ちょうど日本がバブル景気の真っただ中に就職をした。(略)若くして高価な海外ブランド商品にも手が届く当時の環境は、彼らに社会での自信と自己主張する前向きな姿勢を植えつけた。また、彼らは、消費にもこだわりを持ち、ブランドにも関心が高い。そして、けっして人口が多いとは言えない彼らだが、強い世代特徴から周りの世代に影響を与えてきた。

★　次の下線に適当な漢字を入れ、意味の通じる言葉にしなさい。

そうかん	創刊	創意	創業	創作	創立
とうじょう	登場	登載	登録	登校	登記
しょうひ	消費	消毒	消化	消滅	消防
とくちょう	特徴	特別	特殊	特定	特売
しせい	姿勢	情勢	形勢	気勢	威勢

二、テープを聞いて、抜けた言葉の意味を下線部に中国語で書き入れなさい。

1. コミッションは成約額により算出し、今回は2％さしあげます。　　佣金
2. レギュラーガソリンの平均小売価格は、湾岸戦争以来15年ぶりの高値が続いています。　　平均零售价
3. 中国の経済、国際化は急速に進み、在中外国人の数もうなぎのぼりに増えている。　　直线上升
4. マーケットの販路を開拓するためには、お金を使って宣伝する必要があります。　　市场销路
5. 日中貿易は、去年輸出入あわせて132億ドルと史上最高を記録した。
　　　　　　　　　　　　　　　　　　　　　　　　　　　　　創历史最高记录
6. 多くの企業は、60歳定年制を導入に向けて本腰を入れて取り組み始めた。　　真正开始
7. 部下たちに囲まれると、つい唯我独尊の態度を取ってしまった。
　　　　　　　　　　　　　　　　　　　　　　　　　　　　　唯我独尊
8. そこで油を売っている暇があったら、販売促進をしてきたほうがよいではありませんか。　　偷懒闲聊
9. 費用が予算を10％ほどオーバーしそうなんです。まさか、人手があんなにかかるとは予想外でした。　　超出预算10％左右
10. 相手が契約を履行しようとしなければ、損害賠償などの法的手段をとることになります。　　対方不想履行合同的話

三、テープを聞いて、正しい答えを一つ選びなさい。

(1)
女　この前言ってたデジタルカメラ、買おうと思うんですが、駅前のカメラ屋さんは安いって聞きましたけど、どうでしょうか。
男　うーん、あそこは安いことは安いけど、細かい修理を嫌がるんですよ。

質問：男の人は駅前のカメラ屋についてどう思っていますか。
　A　ほかの店に比べて安すぎる。

B　安いけれど、品質の保障ができない。
C　アフター・サービスが悪い。　　○
D　修理が下手だ。

★　テープをもう一度聞いて、キーワートを探し出しなさい。
　　修理を嫌がる

(2)
男　今日は商品の納入のお約束の日だったはずですが、いったいどういうことでしょうか。
女　もう二、三日お待ちいただけませんか。
男　それはあまりに一方的すぎませんか。こちらは予約のお客様から、「どうなっているのか」と強い催促を受けて、ほとほと困っているんですよ。これは当社の信用問題に関わりますからね。
女　申し訳ございません。担当者とも相談の上、至急納品できるようにいたしますので。
男　いつまでにできるのですか。
女　明日中には必ず。
男　わかりました。必ずですよ。でないと、貴社とのお取り引きは今後できないことになりますので。

質問：女の人はいつ納品できると約束しましたか。
　A　あと二三日で。
　B　今日中。
　C　翌日。　　○
　D　来週。

★　テープをもう一度聞いて、質問に答えなさい。

1. 男の人は女の人と何について、交渉していますか。
2. 強い催促をしたのはだれですか。
3. こんど納品が遅れたら、どういうことになるのですか。

四、テープを聞いて、テープの内容と合っているものに〇、違っているものに×をつけなさい。

(1)
　私はAさんの考えに賛成します。職場へ行くときは、やはり背広を着てネクタイをしめたほうがいいと思います。なぜなら、仕事をするときの「公」の生活と仕事をしないときの「私」の生活とは、気持ちの上できちんと分けるべきだと考えるからです。
　人の気分は服装によって変わるものです。たとえばTシャツやジーンズのように着やすくて楽なものを着ているときは、気持ちもリラックスします。反対に、背広やスーツを着たときは、あらたまった、引きしまった気持ちになるでしょう。
　もちろん、仕事をするときにリラックスするのは必ずしも悪いことではありません。いつも着ているTシャツとジーンズのほうが楽に働けていい、と言う人もいるでしょう。このような人たちは、いつも同じ気分で働いたり遊んだりするのではないかと思います。
　しかし、私は、仕事をするときは、気持ちを切り替えなければいい仕事ができないと考えています。こうした気持ちの切り替えのために、背広とネクタイで職場に行くのがいいと私は思うのです。

A　「公」の生活は「私」の生活と区別するべきだ。　　　　〇
B　職場での服装はいつもと同じほうが楽で良い仕事ができると私は思う。　　　　×
C　リラックスした服装で職場に行く人は職場で遊んでいる場合が多い。　　　　×
D　気持ちの切り替えには、服装を変えたほうがいい。　　　　〇

★　テープをもう一度聞いて、次の文を完成しなさい。

1. 職場へ行くときは、やはり<u>背広を着てネクタイをしめた</u>ほうがいいと思います。

録音内容と参考答案

2. このような人たちは、いつも同じ気分で働いたり遊んだりするのではないかと思います。
3. 私は、仕事をするときは、気持ちを切り替えなければいい仕事ができないと考えています。

(2)
　人間力とはいったい何でしょうか。企業向け人材育成を仕事とする立場から考えてみたいです。人は仕事をするために、さまざまな能力を複合的に持ち合わせています。(略)
　仕事に必要な高い能力を備えているだけでは、「優秀な人材」とはいえません。いくら高い専門知識や技術を持ち合わせていても、やってみようと思う「好奇心」「チャレンジ精神」がなければ、何もできません。同時に、「忍耐力」「持続力」「責任感」がなければ、最後までやり遂げることはできません。
　それらの能力を動かす「原動力」のようなものが大切なのであり、私たちはそれを総称して「人間性」と呼んでいます。

　A　人間力とは仕事に必要な高い能力のことだ。　　　　　　　　×
　B　人は勉強のためにさまざまな能力を複合的に持ち合わせている。　×
　C　人間はやってみようという「チャレンジ精神」がなければ、何もできない。　　　　　　　　　　　　　　　　　　　　　　　　　　○
　D　高い専門知識は、時に人間力の面でマイナスになる。　　　　×

★　テープをもう一度聞いて、次の文を完成しなさい。

1. 企業向け人材育成を仕事とする立場から考えてみたいです。
2. やってみようと思う「好奇心」「チャレンジ精神」がなければ、何もできません。
3. 私たちはそれを総称して「人間性」と呼んでいます。

五、テープを聞いて、次の質問に答えなさい。

女　何かいい仕事があった?

男　うーん、いい仕事かどうかわからないけど、セールスマンなんだ。
女　とりあえず、仕事が見つかってよかったわね。
男　そういえばそうだけど、決まった給料が出ないというのは、ちょっと…。
女　どういうふうにお金をもらうの。
男　実績次第だって。つまり、実績があがればあがるほど給料がよくなるんだけど。
女　そんなら、いいじゃない。
男　違うよ。そう簡単に実績を上げられるような商売じゃないよ。実績が上がらなかったら、何ももらえないんだよ。
女　なら、ほかの仕事にしたら。
男　ほかの仕事って、どんな仕事だよ。この不景気じゃ、いい仕事なんて、あるはずがないじゃないか。
女　じゃあ。どうしたらいいと言うのよ。
男　やるよりしかたがないよ。ほかに仕事がないんだから。

質問:
1. 男の人はどんな仕事をしますか。
2. 給料はどういうふうにもらいますか。
3. その仕事は実績があがりやすいですか。
4. 男の人はこの仕事が好きですか。
5. 男の人はこの仕事をやるつもりですか。

★　テープをもう一度聞いて、会話の内容を日本語で叙述文でまとめなさい。

まとめの参考文
　セールスマンという仕事が見つかったが、決まった給料がもらえず、報酬は実績次第なので、あまりいい商売ではないようだ。しかし、景気が悪いため、ほかにいい仕事も見つからないし、男の人は気が進まなくてもこの仕事をやるより仕方がない。

録音内容と参考答案

.... * .... * .... * .... * ....

B

問題一　テープを聞いて、次の文を完成しなさい。外来語は片仮名で、その他は漢字で書き入れなさい。(テープは二回流します)(20点)

　インスタント食品の爆発的な流行ののち、しだいに、必要なときに解凍して調理する冷凍食品が普及しはじめる。冷凍食品は、30年代に開発されたが、チェーンコンベアー方式などで連続的に凍結させることができ、大量生産ができるようになってから一般に普及した。たとえば、油で揚げるだけのコロッケとか、フライの半調理済食品や、フライパンで焼くだけのギョーザとか、蒸すだけの中華まんじゅうやシューマイなどのように、すでに事前処理ができていて調理にあまり時間をかけないでよい加工食品の類である。
　さらには、冷蔵庫の普及につれて、冷蔵庫に入りやすい容器の開発が進んだ。丸型より角型に、また、冷蔵庫の中で積み上げやすいスタッキングタイプの容器であることも商品が売れる条件になっていった。冷凍食品が大量に出回るようになったのは、70年代になってからであるが、冷蔵庫用容器の売り上げは一時期年率30％を超す勢いであったという。

問題二　テープを聞いて、抜けた言葉の意味を下線部に中国語で書き入れなさい。(テープは一回流します)(20点)

1. 当社の見積書を提出させていただきます。ご検討くださるようお願いいたします。　　　　　　　　　　　　　　　　　　　　本公司的报价表
2. 仕事の相談でも、プライベートな問題でも、上司というのは相談されると嬉しいものでしょう。　　　　　　　　　　　　　　　　　　私人問題
3. 通貨情勢のカギを握っているのは、なんといってもアメリカだ。　掌握关键
4. 日本の産業は、高度経済成長時代から低成長時代を迎え、大きな曲がり角にさしかかったといえる。　　　　　　　　　　　　　　重大转折点
5. 政府の税制改革案には朝三暮四のからくりがある。　　　　　反复无常
6. 彼女はごまをするのがとても上手です。　　　　　　　　　　拍马屁

7. 日本人の好みに合わせ、毛糸の原料は半分以上、オーストラリアから仕入れられました。　　　　　　　　　　　　迎合日本人的喜好
8. 外回りのセールスというのは、門前払いされることも多くあろうと思います。　　　　　　　　　　　　　　　　　吃闭门羹
9. コストの問題はともかくとして、重要なのはこの商品が売れるか売れないかということです。　　　　　　　　先不考虑成本问题
10. 資金不足のため、工事は半ばでやむなく中断しました。　　只好中途停止

問題三　テープを聞いて、質問に答えなさい。

1　正しい答えを一つ選びなさい。(テープは一回流します)(8点)

(1番)
女　なにを怒っているのよ。
男　何だい、今度のやつ、目上の者をなんだと思っているんだ！

質問：今度の人はどんな人ですか。
　A　欲張りな人です。
　B　おしゃべりな人です。
　C　年上の人です。
　D　生意気な人です。　　○

(2番)
女　はい、日本商社でございます。
男　リーと申します。山田課長、いらっしゃいますか。
女　山田はただいま席をはずしておりますが。
男　あ、そうですか。
女　もう、まもなく戻るはずですが。帰りましたらご連絡させましょうか。
男　そうですねえ。わたしもこれから会議ですので。
女　それでは、ご用件をお伝えしておきましょうか。
男　そうですね。ちょっとご相談したいことがありますので、また後で、こちらからお電話させていただきます。

質問：山田課長は今何をしていますか。
A　会議中です。
B　誰かと相談中です。
C　誰かと連絡中です。
D　わかりません。　　○

2　テープの内容と合っているものに○、違っているものに×をつけなさい。(テープは一回流します)(12点)
(1番)
　新幹線が東京を中心に東西に延びてから、サラリーマンの出張は日帰りが珍しくなくなった。東京から大阪へ片道三時間前後で行くことが出来るのだから、現地で一泊というのは経費の無駄遣いということになるのだろう。
　いうまでもなく、「とんぼ返り」とは、行く先に着いて、すぐ帰ってくることだが、これは、とんぼはまっすぐに飛んでいるかと思うと、急に向きを変えて飛ぶことからきた言葉である。とんぼは気ままにスイスイ行きつ戻りつしているが、「とんぼ返り」の出張サラリーマンは気ままにスイスイとはなかなかいかないようだ。

A　新幹線のおかげでサラリーマンの出張は日帰りでもできるようになった。　　○
B　東京から大阪まで片道3時間半ぐらいで行くことができる。　　×
C　「とんぼ返り」とは目的地に着いて、すぐ帰ってくることだ。　　○
D　「とんぼ返り」の出張は一泊しなくていいので、とても楽なことだ。　　×

(2番)
　自分の車で上司の遊びの時の送り迎えまでするサラリーマンがよくいます。考えてみれば、確かに出世がかかっているのだから、それも仕方がないでしょう。
　私は自由業ですから、自宅で一人、仕事をしています。しかし仕事と遊びは、きっちり区別しています。しかし、普通の会社勤めの人では、こうは行かないでしょう。
　なんといっても、日本はまだまだ終身雇用制が続いていますから、昇進は仕

事の能力というより、上司との相性で決まる場合も多く、これを考えるならば、やはり上司の遊びにも、付き合わざるを得ないのではないでしょうか。

A　出世のため、上司にごますりをするサラリーマンが少なくないようだ。
　　　　　　　　　　　　　　　　　　　　　　　　　　　　　　○
B　サラリーマンと違って、私は仕事も自由で、しかも友達と遊ぶ時間も多い。
　　　　　　　　　　　　　　　　　　　　　　　　　　　　　　×
C　日本では、仕事の能力より上司との相性で昇進が決まることが多い。
　　　　　　　　　　　　　　　　　　　　　　　　　　　　　　○
D　自由業は一般に、自宅で一人で働いている。　　　　　　×

問題四　テープを聞いて、会話の内容を日本語で叙述文でまとめなさい。
　　　（テープは二回流します）(20点)

女　あのう、ちょっとお聞きしたいことがあるんですが。
男　はい、何でしょうか。
女　日本語能力試験、申し込みしたいんですけと、どこでお金を払うんですか。
男　郵便局ですよ。お金を払って、領収書をもらって、それを申し込み書にはって…。
女　郵便局でお金を払えばいいんですね。
男　ええ。それで申し込み書は書留で送るんです。
女　書留にするんですね。けっこうめんどうなんですね。
男　しめきりは15日ですよ。
女　15日っていうと、来週の水曜日ですね。

まとめの参考文
　女の人は男の人に日本語能力試験の申し込みについていろいろ聞いている。お金は郵便局ではらうとか、申込書は必ず書留で送るとか、また締め切りは15日であるなど、おしえてもらった。

第14課

A

一、テープを聞いて、次の文を完成しなさい。外来語は片仮名で、その他は漢字で書き入れなさい。

「G7」(先進七ヵ国財務相・中央銀行総裁会議)という言葉が、ときおり新聞やテレビをにぎわす。この会議の声明などが、為替相場や債券、株式の値動き、各国の経済政策にまで影響を与えるためだ。

経済の先行きに影響力をもつ「G7」は、一九八六年五月の東京サミットで、国際経済政策の効果的な協調を進めることを目的に設立された。

これだけ経済活動の国際化が進んでくると、おのおのの国だけの経済政策で対応するには限界がある。そこで、先進国が協調しながら、世界の経済をリードしていこうという趣旨だった。

当初は、アメリカ、日本、西ドイツ、イギリス、フランスの五ヵ国が参加し、「G5」と呼ばれた。「G」は、単純にGroup の頭文字である。

翌八六年、カナダとイタリアが、五ヵ国だけで国際経済金融問題を決定することに不満を表し、この二ヵ国を加えて「G7」となった。現在は、ロシアも加えて「G8」となっている。

★ 次の下線に適当な漢字を入れ、意味の通じる言葉にしなさい。

せんこう	先行	先方	先着	先頭	先日
せつりつ	設立	確立	成立	孤立	私立
たいおう	対応	対抗	対戦	対策	対等
げんかい	限界	視界	学界	財界	下界
しゅし	趣旨	宗旨	主旨	本旨	宣旨

二、テープを聞いて、抜けた言葉の意味を下線部に中国語で書き入れなさい。

1. 日本経済はデフレーションを克服し、毎年平均2％弱で成長する。

通貨緊縮

2. この暑いのに、重いサンプルを持ち回っての外回しの仕事は大変ですね。
　　　　　　　　　　　　　　　　　　　　　　　　　　　　外勤工作
3. かれはエネルギッシュに仕事をこなし、同僚たちともうまくやっています。
　　　　　　　　　　　　　　　　　　　　　　　　　　　　精力旺盛
4. サラリーマンは体が元手だから、無理しないほうがいいです。
　　　　　　　　　　　　　　　　　　　　　　　　　　　　身体是本钱
5. 企業破産は市場経済における優勝劣敗という法則の正常な現象である。
　　　　　　　　　　　　　　　　　　　　　　　　　　　　优胜劣汰
6. 競争原理の働く市場経済に移行したとはいっても、まだ製品の納期を守るという意識が薄いです。
　　　　　　　　　　　　　　　　　　　　　　　　　　　　遵守交货期
7. いま、家の財布の紐を握っているのはこの私なんです。　　掌管钱财
8. 大手銀行が融資を断ったことが致命的な打撃となり、ついにA社は倒産した。
　　　　　　　　　　　　　　　　　　　　　　　　　　　　致命的打击
9. もし、A商事との交渉が難航するようだっだら、一度会社に電話を入れてください。
　　　　　　　　　　　　　　　　　　　　　　　　　　　　谈判进展困难
10. 今年、会社の売り上げは15ポイントも上昇しており、景気がいいから年末のボーナスが期待できそうです。
　　　　　　　　　　　　　　　　　　　　　　　　　　　　上升了15个百分点

三、テープを聞いて、正しい答えを一つ選びなさい。

(1)
男　この計画は実施すべきだろうか。お金がかかりすぎるようだが。
女　損得は抜きにして社会のためにぜひ。

質問：女の人はこの計画をどう思っていますか。
　A　お金がかかるからやめたほうがいい。
　B　お金がもうかるからやったほうがいい。
　C　お金がかからないからやったほうがいい。
　D　お金がかかってもやったほうがいい。　　○

★　テープをもう一度聞いて、キーワートを探し出しなさい。
　　損得は抜きにして

(2)
男　王さん、実はあなたにやってもらいたいことがあるんだけど。
女　はい、なんでしょうか。
男　今度の新商品の販売企画をあなたに任せたいと思っているんだけど。
女　そんな大役、わたしに勤まるでしょうか。
男　あなたを見込んで、ぼくが頼むんだよ。ぼくもできるだけ協力するし、何があってもぼくが責任をとるから。
女　そこまでおっしゃっていただけるのなら、難しいとは思いますが、わたしなりに全力を尽くします。
男　よろしく頼むよ。

質問：男の人はなぜ販売企画を女の人に任せたのですか。
　　A　女の人に頼まれたから。
　　B　女の人が協力してくれるから。
　　C　女の人が責任をとるから。
　　D　女の人にはその能力があると思うから。　　○

★　テープをもう一度聞いて、質問に答えなさい。

1. 男の人が女の人に任せた仕事はなんですか。
2. 男の人は女の人に何を約束しましたか。
3. 女の人はその仕事を受けましたか。

四、テープを聞いて、テープの内容と合っているものに○、違っているものに×をつけなさい。

(1)
「インターンシップ」というのは、学生が在学中にしばらくの間企業で働く体験をしてみるプログラムのことです。最近、就職をしてもすぐに会社をやめてしまう若者が増え、それが社会的に大きな問題となっています。しかし、インターンシップで働く体験をしてみれば、学生はその会社について、また、仕事の内容について、かなり具体的に理解することができます。ですから、

「考えていたのとは違う」と言って就職後すぐに会社をやめてしまうのが防げるんですね。企業側も、実際に働いてもらえば、学生をよく見ることができるので、最近ではインターンシップでよい成績を残した学生をそのまま正社員に採用するケースも増えています。学生側、企業側がお互いをよく理解した上での採用、これは結果的に安定した雇用につながります。また、この制度を取り入れることで、企業は…

A 「インターンシップ」とは学生が卒業後しばらく複数の企業で働いてみることです。　　　　　　　　　　　　　　　　　　　　　　　　×
B 「インターンシップ」が導入されたのは、企業が良い学生を出来るだけ早く採用したかったからです。　　　　　　　　　　　　　　　　×
C 「インターンシップ」はどちらかというと学生に利益がある制度です。
　　　　　　　　　　　　　　　　　　　　　　　　　　　　　　×
D 「インターンシップ」は企業の安定した労働力確保にいい結果をもたらします。　　　　　　　　　　　　　　　　　　　　　　　　　　〇

★　テープをもう一度聞いて、次の文を完成しなさい。

1. 「インターンシップ」というのは、学生がしばらくの間企業で働く体験をしてみる<u>プログラムのこと</u>です。
2. また、仕事の内容について、かなり<u>具体的に理解する</u>ことができます。
3. これは結果的に<u>安定した雇用</u>につながります。

(2)
　日本のビジネスマンはいろいろな宴会やパーティーによく参加します。例えば年末年始の同僚や友人たちとの忘年会や新年会をはじめとして、結婚式・葬式・仕事に関する種々の披露宴・祝賀会・歓迎会などがあります。社長や重役などの肩書きのある人なら、出席する回数は相当多いことでしょう。
　もし、仕事にかかわる宴会に招待されたら、その席で今まで知らなかった人に出会えるかもしれません。それは人間関係や仕事などのネットワークを広げる絶好のチャンスです。このようなチャンスを見逃さず、今後の仕事のた

めに、いろいろな人を紹介してもらって、名刺交換をしておいたほうが良いでしょう。そのためにも、宴会やパーティーに行く場合には必ず名刺を忘れずに持って行きましょう。

A　社長より一般社員のほうが宴会に出る回数が多い。　　×
B　日本のビジネスマンにはパーティー好きの人が多い。　　×
C　宴会ではさまざまな人と出会うことができる。　　○
D　宴会は名刺を交換する唯一の場所だから、このチャンスを見逃さないほうがいい。　　×

★　テープをもう一度聞いて、次の文を完成しなさい。

1. 社長や重役などの<u>肩書きのある人</u>なら、出席する回数は一層多くなるでしょう。
2. それは人間関係や仕事などの<u>ネットワークを広げる</u>絶好のチャンスです。
3. いろいろな人を紹介してもらって、<u>名刺交換</u>をしておいた方が良いでしょう。

五、テープを聞いて、次の質問に答えなさい。

女　家の子の幼稚園にも男の先生が来たんですよ。
男　ほう、幼稚園の男の先生は珍しいんじゃないですか。
女　ええ、ですから、その先生が来るまでは、「どんな人が来るんだろう」「女の子は男の先生を怖がるのではなかろうか」って親たちも心配してたんですよ。
男　そうですか。
女　それが、子供たちはすぐその先生がすきになって、大喜びだそうですよ。
男　へえ。
女　子供には男の先生だから特別だという考えはないようですね。
男　そうですね。幼稚園の先生は女性と考えるのは、大人だけかもしれませんね。

質問：
1. 幼稚園にどんな先生が来ましたか。
2. この先生が来る前に親たちは何を心配しましたか。
3. 子供たちはこの先生が好きですか。
4. 子供たちは先生の性別にこだわりますか。
5. 大人だけの考えかもしれないこととはどんなことですか。

★　テープをもう一度聞いて、会話の内容を日本語で叙述文でまとめなさい。

まとめの参考文
幼稚園の先生と言ったら、大抵女性だと思われている。しかし最近は、男の先生もできたらしい。子供にも違和感がないし、すぐ好かれるという。最初、少し心配をしていた親たちも子供の喜びを見て安心した。

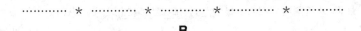

B

問題一　テープを聞いて、次の文を完成しなさい。外来語は片仮名で、その他は漢字で書き入れなさい。(テープは二回流します)(20点)

　食べるという側面から利便性を向上させた意味では、外食産業の発達も深い関係がある。
　アメリカからやって来て広がったハンバーガーやフライドチキンの店、早朝から深夜まで開いているファミリーレストランなどが1970年代に急成長し、チェーン店をもつ外食産業の種類はその後も次々に増える一方、持ち帰って食べる「ほかほか弁当」のチェーンも登場した。まな板と包丁のない家庭も出てきたという話がジャーナリズムをにぎわすと同時に、夕食材料を作り方と一緒に宅配する商売も少し前からサービス産業の1つとして成長してきた。
　外食産業の発展には、急速な多店舗化を可能にするフランチャイズ・システムの確立、システムキッチンをはじめとした工場生産体制の整備などのシ

ステム化が影響を与えた。

問題二　テープを聞いて、抜けた言葉の意味を下線部に中国語で書き入れなさい。(テープは二回流します)(20点)

1. 契約の規定により、私どもの<u>クレーム</u>を受け入れていただきたいと思います。　　　　　　　　　　　　　　　　　　　　　　　　　索赔
2. 申しわけないんですが、先日飲み屋で<u>立て替えたお金</u>、まだ返してもらっていないんですけど…。　　　　　　　　　　　　　　　　　　垫付的钱
3. <u>出費がかさんで</u>、赤字になってしまった。　　　　　　　　　　开销增大
4. あの会社は背後から<u>株価を操った</u>疑いで証券取引委員会に警告されました。　　　　　　　　　　　　　　　　　　　　　　　　　　操控股价
5. <u>バブルがはじける前</u>は高いものほどよく売れました。泡沫经济崩溃之前
6. 経済の発展とともに、自動車産業は<u>めざましい発展</u>を遂げた。
　　　　　　　　　　　　　　　　　　　　　　　　　　　　　惊人的发展
7. 最近、外貨割当て額の不足のため、<u>延べ払いにしよう</u>と思います。
　　　　　　　　　　　　　　　　　　　　　　　　　　　　　延期付款
8. 日本の会社の中で<u>上司に進言</u>したり、会社の決定に反論するのはかなり勇気がいることです。　　　　　　　　　　　　　　向上级领导提意见
9. <u>不況が長引いている</u>せいか、家庭での自分の役割を見直す人が増えているようだ。　　　　　　　　　　　　　　　　　　　　　　　　萧条拖延
10. ビジネスの世界では<u>回りくどい話はしないで</u>、はっきり希望や条件を提示して商談を進めるほうがいいでしょう。　　　　　说话不要转弯抹角

問題三　テープを聞いて、質問に答えなさい。

1　正しい答えを一つ選びなさい。(テープは一回流します)(8点)
(1番)
女　田中部長は考え方も古いし、私たち若い社員の意見も全然聞かないのよね。
男　そうだね。もっと今の時代に合った考えをしてもらいたいよね。

質問：田中部長はどんな人ですか。

A 厳しい人。
B 若い人。
C 頑固な人。　〇
D 親切な人。

(2番)
女　あのう、一度日本の工場を見学してみたいんですけど。どこか紹介していただけませんか。
男　ええ、いいですよ。どんな工場をみたいですか。自動車工場なら山田さんが紹介してくれると思いますけど。
女　できれば家電製品を作っているところを見たいんですが。
男　それなら私が紹介してあげますよ。いつごろが都合がいいですか。
女　なるべく早い方がいいんですが。
男　じゃ、さっそく電話してみましょう。
女　ありがとうございます。でも、ご迷惑じゃないですか。
男　いいえ、そんなことはありませんよ。ただ、相手の都合もあるので、うまくいくかどうかわかりませんけど。
女　すみません。どうぞよろしくお願いします。

質問：女の人はどんな工場を見学したいと言っていますか。
A 自動車工場。
B 山田さんの工場。
C 電気製品の工場。　〇
D 家具の工場。

2　テープの内容と合っているものに〇、違っているものに×をつけなさい。(テープは一回流します)(12点)

(1番)
最近のお客は目が肥えていますし、情報も持っていますから、やみくもに売り込もうとするよりも、[アドバイス]の会話のように、お客の立場に立ってアドバイスする方が好感を持たれますし、また売り上げも伸びるでしょう。また、単に店としてのアフターサービスではなく、個人としてもアフターサー

ビスをする店員が増えています。そうすれば、店員個人とお客との信頼関係が生まれ、客が客を紹介するといった形で売り上げ増につながっていきます。これは、あらゆるビジネスの世界に共通して言えることではないでしょうか。

A　お客のために商品情報をできるだけ多く伝える店員が好感を持たれる。　×
B　店としてのアフターサービスは人気がない。　×
C　商品販売と他のビジネスとでは商習慣が異なる。　×
D　店員個人とお客の信頼関係ができたら、お客も増えてくるはずだ。　〇

(2番)

　日本ではほとんどの会社で朝礼があります。そこでの朝のスピーチは簡潔にするのが大原則です。朝礼には仕事に取りかかる心の準備をさせる、重要事項を伝える、トラブルへの対処法などを指導するといった目的の他に、社員同士の意思の疎通を図り、チームワークを高めるという大きな意味があります。通常は管理職が部下にするのが朝礼ですが、会社によっては志気を高めるために、業績が上がっている一般社員に挨拶させることもあるでしょう。

A　会社での朝礼はお互いに簡潔な挨拶を交わすぐらいが一番よい。　×
B　朝礼は朝の一番重要な仕事だ。　×
C　朝礼はチームワークを高めるのに役に立つ。　〇
D　朝礼でのスピーチは、できるだけ一般社員にさせたほうがうまくいく。　×

問題四　テープを聞いて、会話の内容を日本語で叙述文でまとめなさい。
　　　　（テープは二回流します）(20点)

男　ユニバーサルスタジオへ遊びに行ったんだって？どうだった？
女　楽しかったわ、とっても。
男　それはよかったね。
女　でも人が多くてね。何をするにも並ばなくちゃならないもんだから、疲れちゃったわ。

男　なるほど。大変だったんだね。
女　朝早く入場して、一日中遊んだから、たくさんお金を使ったし…。
男　へえ、そうなの。
女　あっ、そうそう。これ、おみやげよ。
男　お、ありがとう。開けてもいい?
女　どうぞ。
男　わあ、かわいい人形!

まとめの参考文
　女の子はユニバーサルへ遊びに行った。楽しかったが、人が多すぎて、なにをするにも列にならばなければならないので、大変だった。それに、お金もたくさん使った。彼女は男の人にかわいい人形をおみやげとして贈った。

第15課

A

一、テープを聞いて、次の文を完成しなさい。外来語は片仮名で、その他は漢字で書き入れなさい。

　近年では、季節に関係なく世界からのいろんな野菜や魚・肉が食べられるようになりました。しかし、その土地のものでない食材は輸送の間にストレスがかかって栄養が落ちてしまったり、旬のものでない食材は無理な栽培や管理がされていたりするので、決してカラダにやさしい食材とは言えないですよね。もちろんすべての食事を「地産地消」にする必要なんてないんです。あくまでその言葉を知りつつ、義務ではなく「楽しむ」ことを優先していきたいものです。春だから、目にも美味しい「菜の花のパスタ」を食べてみるのもよし、時間のあるときには「筍を生から茹でて」スローフードを体験するのもよし。近郊の有機野菜ならインターネットからでも取り寄せられますしね。そんな余裕があればこそ、内側から美しい自分になれるはず! 季節を愛でる心…これがニッポン人であり、カラダにも環境にもやさしい、真のエコロジスト。そう思うのですが、あなたはいかがでしょうか。

録音内容と参考答案

★ 次の下線に適当な漢字を入れ、意味の通じる言葉にしなさい。

かんけい	関係	関心	関与	関連	関白
ゆそう	輸送	歓送	放送	運送	伝送
ぎむ	義務	義理	義肢	義気	義憤
ゆうせん	優先	優劣	優秀	優柔	優賞
やさい	野菜	野心	野性	野党	野望

二、テープを聞いて、抜けた言葉の意味を下線部に中国語で書き入れなさい。

1. 「世界の発展の中心がアジアに向かいつつある中、各国が直面するチャレンジとチャンス」という思考的な問題が出席者に提起された。
   挑战和机会

2. 諸手続きはだいたい終わったんだよ。後は入管の審査を待つというところだ。
   出入境管理局的审査

3. 健康ブームで、フィットネスクラブが人気を集めています。　健身倶乐部

4. 日本では、1945年から選挙法改正によって、女性にも選挙と被選挙権が与えられた。
   选举法修改

5. この政治的スキャンダルは遠からず世界中の人々が知るところとなるだろう。
   政治丑闻

6. 新人賞獲得をきっかけにして、その若手小説家はめきめきと頭角を現してきました。
   崭露头角

7. 新聞、雑誌も少子化対策につながる論文を公募するなど知恵を絞る。
   绞尽脑汁

8. この道における彼の際立った才能は空前絶後と言いたいほどだ。
   空前绝后

9. たとえ何十万かの金が借りられたにしても、焼け石に水だ。　杯水车薪

10. 国際連合の目的は、国際間の紛争を平和的に解決し、国家間の友好、協力関係を進めるのである。
    和平解决争端

三、テープを聞いて、正しい答えを一つ選びなさい。

(1)
女　もしもし、課長。九州出張が終わって、今新幹線の中です。
男　ごくろうさん。今日はまっすぐ帰っていいからな。出張報告書を出すのをわすれないようにな。

質問：社員はこれから何をしますか。
　　A　九州へ出張に行く。
　　B　新幹線に乗る。
　　C　家へ帰る。　　○
　　D　報告書を書く。

★　テープをもう一度聞いて、キーワートを探し出しなさい。
　　今日はまっすぐ帰っていいから

(2)
男　販売部でございます。
女　この間注文したものを届けていただいたんですが、違うのがきました。
男　大変申し訳ございません。お客様の申し込書を確認しますので、少々お待ちください。…Bの1の822と書いてありますが、そちらに届きました商品の番号は何番ですか。
女　あれ？Bの1の822です。花を切るはさみは何番ですか。
男　Bの7の822です。カタログはお持ちですか。
女　あれ。本当だ。どうしよう…。

質問：なぜ違う商品が来たのでしょうか。
　　A　販売部が間違えた商品を送ったから。
　　B　カタログに間違いがあったから。
　　C　間違った番号を書いたから。　　○
　　D　申込書の字がよく読めなかったから。

★ テープをもう一度聞いて、質問に答えなさい。

1. 注文したものは何ですか。
2. 正しい商品番号は何ですか。
3. 申し込書に書いた番号は何ですか。

四、テープを聞いて、テープの内容と合っているものに○、違っているものに×をつけなさい。

(1)
　電気メーカー、NNSが、今年の7月から、社員のための「子育て資金」の制度を導入すると発表しました。子供が生まれた場合、一人につき60万円支給されるというもので、管理職を含めた社員全員がその対象となります。子供を育てるのに多額のお金がかかる今日、社員の負担を少しでも減らしたいというのが会社側の意向です。ただ、この会社では、養わなければならない家族を抱えている社員には、現在、家族手当を月に2万円支給していますが、これは3年後にはなくなる予定です。社員にとって60万円が一度でもらえる「子育て資金」はたしかにありがたいのですが、10年、20年という長い期間で考えれば、家族手当てをもらうほうがずっと得だと言う人もいて、これで本当に社員を応援することになるかどうか、疑問が残ります。

A　7月から、「子育て資金」として、社員全員に60万円が支払われます。　×
B　「子育て資金」の制度は、今後10年から20年間は続けます。　×
C　「子育て資金」は、社員の生活を助けるとは必ずしも言えないようです。　○
D　「子育て資金」は、子供のない社員にとって、不公平だという不満の声があります。　×

★ テープをもう一度聞いて、次の文を完成しなさい。

1. 子供を育てるのに<u>多額のお金</u>がかかる。

2. 現在、家族手当を月に2万円支給しています。
3. これで本当に社員を応援することになるかどうか、疑問が残ります。

(2)
　日本の慣習の中でもことさら重要なのが贈答です。その中でも土産は現代でも馴染み深いものでしょう。国内であれ、海外であれ、どこへ行っても土産を買って帰る日本人の姿は有名です。これを一部の研究者は、お土産強迫症などと呼び、土産を買わなくてはいてもたってもいられない日本人の習性を指摘しています。日本人は近所や職場の人にも土産を買いますが、外国人は家族・友人にのみ買っていくそうです。
　また、餞別は引越しや転校、転勤、長期旅行などの際に、「新しい環境になっても今まで通りお元気で」「これからもよろしく」などの意味を込めて、転居先で役立つような物品や金銭を贈ります。欧米では餞別という習慣はあっても、餞別に金銭を贈ることはないようです。

　　A　日本人は旅行に行ったら、ほぼ必ず旅先でお土産を買う。　　　○
　　B　お土産を買わないと気がすまないのは日本人の習性だと言われている。　　　○
　　C　外国人は近所の人にはお土産をあげないようだ。　　　○
　　D　欧米では餞別という習慣はないようだ。　　　×

★　テープをもう一度聞いて、次の文を完成しなさい。

1. その中でも土産は現代でも馴染み深いものでしょう。
2. 日本人は近所や職場の人にも土産を買います。
3. 転居先で役立つような物品や金銭を贈ります。

五、テープを聞いて、次の質問に答えなさい。

女　ねえ、よく「使い終わったカードを入れてください」って書いてある箱があるけど。カードもリサイクルするの？
男　あのテレフォンカードや、コピーカードや電車のカードのこと？

録音内容と参考答案

女　そう。
男　あれは、リサイクルできないよ。でも、ボランティア活動にはなるんだよ。
女　ボランティアに？
男　そう。日本にも外国にもカードのコレクターがいて、使用済みのテレフォンカードが一枚10円から70円で売れるんだって。だから、ボランティアの団体が、…まあ、換金する仕事をしている特別の団体があるんだけど、…そこで、換金して、そのお金を発展途上国へ送って援助資金や、子供の奨学金にするんだって。
女　ふーん、いいね。カードだけ？
男　いや、ほかにも、古い切手や、書き損なったはがきもそういう援助資金になるんだよ。
女　へー。そう。

質問：
1. どんな箱をよく見かけますか。
2. カードにはどんなものがありますか。
3. ボランティアの団体は主にどんな仕事をしていますか。
4. 使用済みのテレフォンカードが一枚いくらぐらいで売れるのですか。
5. 換金したお金をなにに使うのですか。

★　テープをもう一度聞いて、会話の内容を日本語で叙述文でまとめなさい。

　　まとめの参考文
　　カードのリサイクルができないと言っても、使い終わったカードを回収して、それを集めている人に売り、そのお金を援助資金や子どもの奨学金として発展途上国に送るというボランティア活動の団体がある。

B

問題一 テープを聞いて、次の文を完成しなさい。外来語は片仮名で、その他は漢字で書き入れなさい。(テープは二回流します)(20点)

　体を<u>ストック</u>などで支えず、足を1枚の板に固定して、<u>サーフィン</u>のように雪の上を滑り降りるスノーボードは、若者の間で人気が高まり、<u>競技人口</u>はうなぎのぼりに増えています。今年の冬は予想を上回る数の初心者がゲレンデに押し寄せました。スノーボードは転倒する回数が多く、特に初心者は<u>転</u>ぶ以外止まる方法がないといわれています。人気の<u>急上昇</u>で、初心者が多い今年は転倒し頭を打って死亡する事故や衝突事故が多発し、関係者をあわてさせています。事故の<u>発生率</u>はスキーの約20倍で、スキーヤーとの衝突事故の責任は、ほとんどの場合スノーボーダーにあると<u>指摘</u>されています。各スキー場では、スキーとスノーボードの安全講習会を開く動きも広がっています。しかし、休日の<u>混雑時</u>などは、各ゲレンデはスノーボーダーに<u>占領</u>され、スキーヤーは座り込んだボーダーをよけるのに汗をかいている有り様です。

問題二 テープを聞いて、抜けた言葉の意味を下線部に中国語で書き入れなさい。(テープは一回流します)(20点)

1. この市民グループは資金を集めるために、自分たちでデザインした<u>ステッカー</u>を一枚1,000円で売る計画もしています。　　<u>标签</u>
2. 過去の経験を基に計画を作成するのは、もはや<u>時代遅れ</u>です。　　<u>落伍</u>
3. <u>不幸中の幸い</u>とでも言いましょうか、大事故にもかかわらず、主人は幸いにして軽い怪我で済みました。　　<u>不幸中的万幸</u>
4. カラー画面の機種を投入することで、さらに<u>シェアを拡大したい</u>と考えています。　　<u>扩大市场占有率</u>
5. いくら<u>頭に来て</u>も、彼に言われたとおりにするしかありませんでした。
　　<u>生气</u>

録音内容と参考答案

6. 甘やかしたせいか、息子の太郎は<u>わがままで勝手な子</u>で困っています。
<u>恣意任性的孩子</u>

7. 十人もの小学生が銃殺されたというニュースを見て、一家は<u>息を呑んだ</u>。
<u>吓得喘不上气</u>

8. かれはいま文字通り<u>孤立無援</u>です。
<u>孤立无援</u>

9. いま、企業が国境を越えて活動し、貿易統計がその一面しかとらえていないのは、<u>否定のしようのない事実である</u>。
<u>不可否认的事实</u>

10. その青年は身体の障害をものともせずに、<u>車椅子で世界一周の旅に出た</u>。
<u>坐着轮椅开始了环游世界的旅行</u>

問題三　テープを聞いて、質問に答えなさい。

1　正しい答えを一つ選びなさい。(テープは一回流します)(8点)

(1番)
女　先生、今週の金曜日の夜にクラスのみんなでカラオケに行くことになったんですが、よろしかったら、ご一緒にいかがですか。
男　ええと、金曜日ですか。残念ですが、その日はほかに約束があるので、ちょっと無理ですね。せっかく誘ってもらったのにごめんなさい。

質問：先生が学生の誘いを断った理由は何ですか。
　A　その日の夜、カラオケに行くから。
　B　その日の夜、先約があるから。　　○
　C　その日の夜、食事会があるから。
　D　その日の夜、同窓会があるから。

(2番)
女　そろそろ行かなくちゃ。
男　うん。元気でな。
女　メールするから。
男　待ってるぞ。
女　武もちょうだいね。
男　うん。出すよ。

女　絶対よ。

質問：女の人は絶対よと言いましたが、なんのことですか。
　A　元気を出すこと。
　B　女の人を待つこと。
　C　女の人がメールをすること。
　D　男の人にメールを送ってもらうこと。　　○

2　テープの内容と合っているものに○、違っているものに×をつけなさい。（テープは一回流します）（12点）
(1番)
　　東西放送が今月10日、全国の20歳以上の男女1,800人を対象に、電話による世論調査を行い、全体の62パーセントにあたる1,116人から回答を得ました。
　　それによりますと、内閣を支持すると答えた人は、先月の調査と比べて5ポイント下がって43パーセントでした。逆に内閣を支持しないと答えた人は、2ポイント増えて41パーセントでした。支持すると答えた人に理由を尋ねたところ、「ほかの内閣よりよさそうだから」が45パーセント「人柄が信頼できる」が19パーセントなどとなっています。
　　支持しないと答えた人に理由を尋ねたところ、「実行力がないから」が35パーセント、「政策に期待が持てないから」が32パーセント、などとなっています。

　A　街頭アンケートの調査では、全国各地から1,116人の回答を集めた。　×
　B　内閣への支持、不支持に関する回答は、それぞれ43％と41％と判明した。　　　○
　C　内閣を支持する理由の一つは、実力があるからである。　×
　D　アンケート結果から、政府に対する強い信頼が感じられる。　×

(2番)
女　日本でも少子化が進んでいますが、今後どうなっていくでしょうね。
男　そうですね。まあ、いろいろな影響をもたらすと考えられますね。

まず労働人口が減少します。で、若い労働力が減ると、その分、高齢者の労働力が今より必要になってくるでしょう。現在60歳ぐらいの定年がさらにのびる可能性がありますね。また、全体で労働人口が減れば、社会保障制度を今のまま保つことができなくなるでしょう。つまり、年金や健康保険料を支払う側の人口が減っていき、使う側の人が増えていくわけですね。それから、学校も変わるかもしれません。多くの子供達がいっしょに勉強していた時代と、少数の子供たちが集まって勉強する時代とでは、教育のあり方も当然変わってくるでしょうね。

A　日本では、少子化にともない、高齢者労働力の必要性が見直されている。　　　　　　　　　　　　　　　　　　　　　　　　　　　　○
B　労働人口が減ってくると、社会保障制度も変わるかもしれない。　○
C　年金を節約するために、高齢者の労働が必要とされている。　　×
D　少子化にともない、子供に対する教育方針も変わってくる。　　○

問題四　テープを聞いて、会話の内容を日本語で叙述文でまとめなさい。（テープは二回流します）(20点)

女　いらっしゃいませ。どちらをご希望ですか。
男　マレーシアあたりの小さな島でのんびりしたいと思ってるだけど…。
女　じゃ、サイパンなんかいかがでしょうか。
男　直行便があるの?
女　週に1便だけ飛んでおりますが…。
男　週に1便というと?
女　毎週水曜の飛行機はまっすぐサイパンへまいります。
男　じゃ、行きも帰りもそれを利用できるわけ?
女　あいにく、お帰りは乗り換えていただくことになりますが…。
男　そうか、しかたないなあ。
女　水曜出発「4泊5日サイパンの旅」がありますが、どうなさいますか。
男　じゃ、それにしよう。

まとめの参考文
男の人はマレーシアあたりの小島へ旅行したいと言っている。結局、水曜出発の4泊5日のサイパンへの旅にした。ただ、行きは直行便があるが、帰りは乗り換えなければならない。

第16課

A

一、テープを聞いて、次の文を完成しなさい。外来語は片仮名で、その他は漢字で書き入れなさい。

　日本人は桜だといいます。桜はパッと咲いてパッと散る、咲くときも一緒、散るときも一緒。散り方が美しい。一輪一輪の花はこれといった特徴はなく、目立たないが、樹全体、林全体の花となると<u>圧倒</u>されるような華麗さと<u>迫力</u>がある。つまり日本人は、<u>行動</u>様式が集団主義的で、<u>規律</u>を重んじ、集団からはみ出すことはしない。一人ひとりの個性はないが、集団では大きな力を発揮するというのです。

　時代が進み、世代が変わる中で、「桜」の日本人は変わりつつあります。たとえば会社というのは一つの集団ですが、古い世代はこの集団のために個人や家庭を犠牲にしてまで<u>粉骨砕身</u>働いてきました。今の若い社員は<u>組織</u>に縛られるのを嫌います。前は年に1、2度はあった社員旅行は、最近ほとんどなくなりました。若い人が嫌がるからです。旅行は個人で、あるいは気のあった者同士で行くべきであり、個人の時間を<u>制約</u>されたくないという理由です。堂々と<u>自己主張</u>する人も増えました。これは決して悪いことではないと思いますが、やはり<u>年配者</u>の中には何となく割り切れない人がいることも事実です。これは良い悪いというより<u>ジェネレーション・ギャップ</u>でしょう。

★　次の下線に適当な漢字を入れ、意味の通じる言葉にしなさい。

あっとう	圧倒	圧迫	圧力	圧縮	圧制
はくりょく	迫力	魅力	勢力	能力	体力
こうどう	行動	行為	行進	行文	行路

録音内容と参考答案

せいやく　制約　制度　制限　制止　制服
じこ　自己　自身　自分　自由　自衛

二、テープを聞いて、抜けた言葉の意味を下線部に中国語で書き入れなさい。

1. 国連の調停努力によっても、その国の流血の民族紛争に終止符を打つことはできなかった。　　　　　　　　　　　　　　　　　民族争端
2. 楽しみにしていたピクニックが雨で中止になって、がっかりした。　郊游
3. いたずらっ子にいじめられて泣きながら帰ってきました。　淘气的孩子
4. 予選ではあんなに強かったのに、どうして決勝で負けたんでしょうか。
　　　　　　　　　　　　　　　　　　　　　　　　　　　　決赛时输了
5. 今後も住民のニーズに沿った店舗作りを進めます。　　居民的需求
6. ソニーは1年間に10日間のフレックス休暇を取り入れているそうです。
　　　　　　　　　　　　　　　　　　　　　　　　　　　　自由假期
7. 軍事力、政治力で正真正銘の強さを見せていた。　　　名副其实
8. 平等互恵などの五原則を基礎に、世界各国との友好関係を発展させる。
　　　　　　　　　　　　　　　　　　　　　　　　平等互恵的五项原则
9. 旅の恥はかき捨てとは言ったものの、やはりエチケットは守りましょう。
　　　　　　　　　　　　　　　　　　　　　　　　　　　　要注意礼节
10. 君はいつも上司の意見に合わせて、それに付和雷同しているが、今日はもっと本音で話し合おうじゃないか。　　　　　　　　　随声附和

三、テープを聞いて、正しい答えを一つ選びなさい。

（1）
男　ぼく、忙しくて旅行代理店には行けないんだ。
女　そんな方でも大丈夫！ネット利用が便利です。24時間都合のよいときに、ご自宅から航空券が予約、購入できますよ。

質問：旅行代理店に行けない人はどういうふうにしたら航空券を手に入れられますか。
　　A　直接店へ行く。

B　電話で頼む。
　　C　ネットで予約する。　　○
　　D　人に依頼して買う。

★　テープをもう一度聞いて、キーワートを探し出しなさい。
　　<u>ネット利用が便利です</u>

(2)
女　会社の仕事、うまく行っているの。
男　うん、でもやめようと考えているんだ。
女　やめる？どうして？給料が悪いから？
男　いや、給料が悪いからやめようと考えているわけじゃないよ。
女　じゃ、なんで？
男　課長とうまくいかないんだ。
女　課長？あの髭を生やして背の高い人？
男　うん、僕のことにけちばかりつけて、つらいよ。
女　それでやめるの？もったいないよ。一流の会社なのに。ほかの部門にでも移動させてもらったら。
男　行かせてくれないに決まっているよ。

質問：男の人はどうして今の仕事をやめようと考えているのですか。
　　A　給料に不満があるから。
　　B　課長と折り合いが合わないから。　　○
　　C　今の仕事がつらいから。
　　D　ほかの部門の仕事をやってみたいから。

★　テープをもう一度聞いて、質問に答えなさい。

1. 男の人はいまどんな会社に勤めていますか。
2. 男の人は何がつらいと思っていますか。
3. 課長はどんな人ですか。

四、テープを聞いて、テープの内容と合っているものに〇、違っているものに×をつけなさい。

(1)
　社会人になれば、寝ている時間を除けば、1日のうち最も多くの時間を費やすのは、なんといっても仕事です。最近は、時短でレジャーに費やす時間もだいぶ増えてきましたが、レジャーもレクリエーションも仕事があってこそ楽しいものです。定年で仕事をやめ、いくら余暇があったとしても、楽しくなく意外と空しく感じるものです。それほど、人間にとって社会的な価値を生む仕事は不可欠なものです。その仕事に生きがい、働きがいをおぼえてこそ人生は楽しくなるのです。
　仕事に生きがいを感じるのは、その働きぶりを認められたときです。やってもやらなくても評価があまり変わらず、やる気をなくして惰性的に仕事をしていることほど不幸なことはありません。金儲けに奉仕はしたくないと公務員を志していた青年が、しばらくたつと生気の乏しい、いかにも役人的な人間に変わってしまうのは、悪平等の強すぎるシステムのせいではないでしょうか。

A　最近、人々は仕事が多くてレジャーに費やす時間が少なくなってきた。　×
B　人間は仕事がなければレジャーも意義なく楽しくないものだ。　〇
C　人間は仕事に生きがいを感じなくてもレジャーさえあれば幸せに暮らせる。　×
D　仕事に生きがいを感じるのは、その社会的な価値を意識したときだ。　〇

★　テープをもう一度聞いて、次の文を完成しなさい。

1. 最近は、<u>時短でレジャーに費やす時間</u>もだいぶ増えてきました。
2. 人間にとって<u>社会的な価値を生む</u>仕事は不可欠なものです。
3. やる気をなくして<u>惰性的に仕事をしている</u>ほど不幸なことはありません。

(2)
　アメリカの癌研究所によると、アメリカでは人口の26％近くにあたる7,300万人が1人暮らしをしていますが、このような人は不適切な食習慣から体重増加および長期的な健康問題を生じやすいようです。一人暮らしの人の多くはスーパーで売っている加工調理済み食品を利用していますが、残念なことに、たいていの場合、このような食品にはカロリー、脂質、塩分が多く野菜や果物の含有量が少ないのです。
　また、自宅よりレストランで食事をすることが多いため、癌研究所は1人暮らしの人に対し、自ら調理する機会を増やすことを勧めています。
　少なくとも、日曜日に美味しい料理を多めに作り、1回分ずつを冷蔵庫または冷凍庫に保存しておけば、仕事から帰ったときに温め直して1週間、いつでもおいしい食事ができます。

A　一人暮らしの人はガンにかかりやすい。　　　　　　　　×
B　一人暮らしの人は、大抵、加工調理済み食品を利用している。　○
C　外食より加工調理済み食品のほうが便利でおいしい。　　　×
D　冷凍保存でも、自宅で作った食事のほうがよい。　　　　　○

★　テープをもう一度聞いて、次の文を完成しなさい。

1. このような人は<u>不適切な食習慣</u>から体重増加および長期的な健康問題を生じやすいです。
2. 一人暮らしの人の多くはスーパーで売っている<u>加工調理済み食品</u>を利用していますが。
3. 仕事から帰ったときに<u>温め直して1週間</u>中いつでもおいしい食事ができます。

五、テープを聞いて、次の質問に答えなさい。

男　やれやれ、会議が終わってネクタイをとるとほっとするな。
女　どうしてみんなネクタイをしめるのかしら。温度も湿度も高いのに。
男　でも、きちんとした職場じゃ、ネクタイをしないと失礼になるよ。

女 みんながいっせいにネクタイをやめれば、失礼じゃなくなるのに。
男 でも、世界の首脳の会議なんて、みんな背広にネクタイだよ。
女 民族衣装みたいなのを着ている人もたまにはいるけど。
男 たまにしかいないよ。
女 冷房がいけないのね。
男 うん。
女 冷房があるから、日本みたいな国でヨーロッパみたいな服装をしているのよ。
男 そういえばそうだね。
女 このごろ、金曜日に楽な服装で会社に行くのがはやっているじゃない？
男 うん。だけど、うちの会社はだめだよ。保守的だもの。

質問：
1. ネクタイをしないと失礼になるのはどんなところですか。
2. 世界の首脳の会議では、みんなどんな格好をするのですか。
3. このごろ、なにがはやっていますか。
4. 男の人の会社は金曜日に普段着で出社できますか。
5. 男の人は自分の会社をどう思っているのですか。

★ テープをもう一度聞いて、会話の内容を日本語で叙述文でまとめなさい。

まとめの参考文
　きちんとした服装をして会社に出るのは日本の会社の規則になっている。だから、男性にはネクタイも欠かせないものだ。しかし、最近、金曜日に普段着で会社に出るのが流行っているようだ。しかし冷房のせいで夏でも寒いから、どうしてもヨーロッパスタイルの背広姿になるのもやむを得ない。ある会社では　日にちを指定して私服での出社が認められている。

.... ＊ .... ＊ .... ＊ .... ＊ ....
B

問題一　テープを聞いて、次の文を完成しなさい。外来語は片仮名で、その他は漢字で書き入れなさい。（テープは二回流します）（20点）

　　休日と平日では一日のリズムに大きな違いがあります。起床時間や食事の時間、頭を使う時間や外から受ける刺激の種類、そういった違いがあるからこそ体や脳はリラックスし休養をとることが可能になります。しかし、休日明けでぼんやりした体や脳はすぐに悲鳴を上げます。集中できない、疲れる、眠い…そんなリズムの狂った体や脳を一度リセットしてあげましょう。例えば休日明けのお昼休みに短い時間だけでも昼寝をする、そうすると午前中に受けたストレスや疲労から、体や脳が一度開放されます。ですので、昼寝をすることでより効果的にリフレッシュできます。しかし、机に顔を伏せたり、机に足を上げたり、無理な姿勢で昼寝をすると、かえって疲れる事もありますので気をつけてください。目安の時間は30分以内。リラックスできる環境で横になるとより効果的です。

問題二　テープを聞いて、抜けた言葉の意味を下線部に中国語で書き入れなさい。（テープは一回流します）（20点）

1. 人質が解放されるまでは気が気でない。　　　　　　　　　　人质
2. この冬、インフルエンザがはやり、全国で、249人の老人がなくなりました。　　　　　　　　　　　　　　　　　　　　　　　　　　　　流感
3. 本日に限り、先着五十名様にコーヒーを無料でサービスいたします。
　　　　　　　　　　　　　　　　　　　　　　　　　　先到的50名顾客
4. 工事入札をめぐる贈収賄事件が明るみに出た。　　　　　　工程投标
5. スキー場は強風に備えて、ほかの下山ルートも用意すべきだと思います。
　　　　　　　　　　　　　　　　　　　　　　　　　　　　　下山路线
6. 平均1万円と高いイメージのあったブランド傘も、5千円と手ごろな価格で出始めている。　　　　　　　　　　　　　　　　　比较适中的价格

録音内容と参考答案

7. 4月30日まで、新春企画として、格安ホームページ制作<u>キャンペーン</u>を実施している。　　　　　　　　　　　　　　　　　　　<u>商业宣传</u>
8. この画家の作風はまことに目に快いが、<u>千篇一律</u>で、いつも見ているうちに飽きてしまう。　　　　　　　　　　　　　　　　　　<u>千篇一律</u>
9. 山で熊に出会ったら、<u>死んだふりをしろ</u>というのは、中国だけの話しではなかった。　　　　　　　　　　　　　　　　　　　　　<u>装死</u>
10. A社の鋭い質問に対し、B社は<u>お茶をにごした</u>程度の返答にとどまった。
　　　　　　　　　　　　　　　　　　　　　　　　　　<u>含糊其辞</u>

問題三　テープを聞いて、質問に答えなさい。

1　正しい答えを一つ選びなさい。(テープは一回流します)(8点)

(1番)
男　お母さん、赤ちゃんってどこから来るの?
女　そうねえ。どう言ったらいいかな…。

質問:お母さんはどうしてすぐには子供の質問に答えなかったのですか。
　A　答えたくなかったから。
　B　びっくりしたから。
　C　良い説明方法を考えたかったから。
　D　どう答えてよいか迷ったから。　　〇

(2番)
女　今回は本当に李さんにはお世話になりました。これ、当社からの心ばかりのものですが。
男　このようなお気遣いは困ります。
女　そんなことをおっしゃらないで、大したものではございませんから、どうぞお受け取りください。
男　申し訳ございませんが、会社の規則で受け取れないことになっておりますので。
女　そんなお堅いことをおっしゃらないで。
男　いえ、やはりいただくわけにはまいりません。お気持ちだけちょうだい

いたします。

質問：二人はどんな関係ですか。
　A　先輩と後輩。
　B　会社の同僚。
　C　遊びの仲間。
　D　取引先。　　○

2　テープの内容と合っているものに○、違っているものに×をつけなさい。(テープは一回流します)(12点)

(1番)
　わが家は、会社から車で約1時間ほど北に行った所にあり、距離にすると約80キロだが、朝のラッシュの時にはよくて1時間、ひどい時には2時間もかかってしまう。日本の住宅事情の悪さとは比べようもないだろうが、それでも、ある程度の通勤時間を覚悟しないと希望価格の家が買えないというのが、現在のロスの不動産状況といえよう。
　とにかく海が近ければ近いほど、また高台で景色が良ければ良いほど、家の値段が高くなる。新しいか古いかということはあまり関係がない。場所が良ければ、建築4、5年の家でも、高価格である。
　どうせ買うなら景色付きがいい。こう思った私は、知り合いの不動産屋に頼んで、何件か下見することにした。すると運良く、最初に見に行った家が高台にあり、海こそ見えないが、山並みの景色は見事であった。そうして買った家が今の家だ。

　A　筆者の家は会社から80キロぐらい離れたところにある。　　○
　B　日本の交通事情の悪さは言葉で表現できないほどだ。　　×
　C　海に近くて景色のいい建物は古くても値段が安くならない。　　○
　D　筆者は運良く海の見える景色のいいところにある家を見つけた。　　×

(2番)
　お辞儀が本来であるはずの日本の挨拶に、最近やたらと握手が入り込んでいる。とりわけ、芸能人や政治家の一部に、親しみをこめた大げさな握手を

する人が目立つ。

　これは握手が単なる挨拶ではなく、親しみの伝達に使われているからだろう。それが証拠にパーティーで出会ったときに握手する人も、別れる時には、握手しない人が多い。ところが握手の本場の欧米では、握手は「こんにちは」なり、「さようなら」の挨拶に過ぎない。親しみを特にこめようとするなら、キスしたり、抱き合ったりするだろう。洋の東西で、握手をするときの相手との心理的距離感は違うのだ。

A　お辞儀も握手ももともと日本式の挨拶のひとつだ。　　　　　　×
B　最近の日本人はお辞儀のかわりに握手をするような傾向がある。　○
C　握手は欧米で挨拶として使われ、親しみを伝えるには、ほかのやり方がある。　　　　　　　　　　　　　　　　　　　　　　　　　　　○
D　東洋と西洋とでは、握手に対する理解も同じではないところがある。　　　　　　　　　　　　　　　　　　　　　　　　　　　　　　○

問題四　テープを聞いて、会話の内容を日本語で叙述文でまとめなさい。
　　　　（テープは二回流します）(20点)

女　もしもし、パクさんですか。山田です。
男　あ、山田さん。お久しぶりです。
女　あのう、午後に映画を見に行こうと思ってるんだけど、一緒にいかない？
男　何の映画？
女　ほら、今話題になっている北野監督の映画。知ってるでしょう。もう見ちゃった？
男　ううん、まだ。あの映画、面白そうだよね。僕も見たいと思ってたんだ。
女　よかった。じゃ、これから迎えに行くから。
男　わかった。それじゃ、あとでね。

まとめの参考文
　山田さんは、この頃パクさんとは会っていないようだ。今日電話でパクさんを映画へ誘ってみた。ちょうどパクさんも、あの話題になっている映画を見たがっている。それで、午後二人で見に行こうと約束した。